Generis

PUBLISHING

TEORÍA BIO-LABORAL Y SU ROL EN LA PROTECCIÓN DEL TRABAJO DECENTE

Rafael Alberto Zúñiga Mercado

Title: **TEORÍA BIO-LABORAL Y SU ROL EN LA PROTECCIÓN DEL TRABAJO DECENTE**

ISBN: 979-8-89248-931-7

Author: Rafael Alberto Zúñiga Mercado

Cover image: RAFAEL ALBERTO ZUÑIGA MERCADO

Publisher: Generis Publishing
Online orders: www.generis-publishing.com
Contact email: info@generis-publishing.com

TEORÍA BIO-LABORAL Y SU ROL EN LA PROTECCIÓN DEL TRABAJO DECENTE

BIO-LABOR THEORY AND ITS ROLE IN THE PROTECTION OF DECENT WORK

Rafael Alberto Zúñiga Mercado

AUTOR

Rafael Alberto Zúñiga Mercado es abogado especializado en seguridad social, magíster en derecho y candidato a Doctor en Administración de la **UNIVERSIDAD DE CARTAGENA**, enfocado en Administración Pública, Trabajo Decente y Derechos Humanos con la tesis 'Operatividad del Trabajo Decente en Colombia'. Es docente del Programa de Derecho en la **UNIVERSIDAD DE CÓRDOBA**, gerente de la firma **YZM PROFESIONALES S.A.S.,** y conjuez del Tribunal Administrativo de Córdoba. Su experiencia profesional incluye la defensa de la justicia social y la aplicación interdisciplinaria de las ciencias sociales con ética profesional.

Ha publicado artículos académicos "El trabajo decente en Colombia, una aproximación desde los derechos humanos", "Trabajo decente en colombia: análisis de indicadores y presupuestos en el marco del ODS 8" y es autor de libros el "Trabajo Decente como Derecho Humano en Latinoamérica y Colombia" y "Multidimensionalidad del Trabajo Decente y su Intersección con la Justicia social". Además, ha participado como conferencista, asesor de trabajo de grado, docente catedrático en programas radiales, contribuyendo a la educación jurídica de la sociedad.

ÍNDICE EN ESPAÑOL - INGLÉS

DEDICATORIA

Querido papá,

Te escribo esta carta porque quiero decirte algo muy importante. Quiero darte las gracias con todo mi corazón. Sé que durante muchos años trabajaste muchísimo, manejando tu carro de lunes a lunes, despertándote cuando todavía estaba oscuro y volviendo tarde, cuando yo ya estaba dormido. Muchas veces no te veía en todo el día, pero sabía que estabas ahí, trabajando para nosotros.

Recuerdo cuando me llevabas contigo en esas carreteras largas. Yo iba a tu lado, mirando cómo manejabas con tanta paciencia y cuidado. Me aprendí la placa de tu carro: **1111**. Siempre supe que Dios iba contigo en cada viaje y que te cuidaba para que volvieras sano y salvo.

Gracias a tu esfuerzo, nunca nos faltó comida, ropa ni escuela. Siempre me decías que debía estudiar y que eso me ayudaría a salir adelante. Hoy quiero decirte que lo logramos, papá. Terminaste tu trabajo y ahora tienes tu pensión, y yo estoy trabajando gracias a mis estudios. Pero lo más bonito es que ahora puedo escribir este libro y dedicarte estas palabras para que sepas cuánto te admiro.

Eres el mejor papá del mundo, no solo porque trabajaste mucho, sino porque siempre me diste amor. Me contabas historias sobre tu infancia, cómo empezaste a trabajar vendiendo galletas con la abuela, cómo aprendiste a conducir, y también cómo fuiste aprendiendo tantas cosas. Puede que yo sepa de leyes, pero tú sabes de todo: electricidad, albañilería, pintura, arquitectura, acueductos… ¡parece que tienes magia en las manos! Siempre encuentras la manera de hacer que todo funcione.

Tu forma de amar es a través del servicio, siempre ayudando a todos. Por eso, papá, nunca me alcanzará la vida para agradecerte todo lo que hiciste y sigues haciendo. Eres mi héroe y mi ejemplo.

Te amo con todo mi corazón, padrecito del alma.

Que Dios bendiga a cada trabajador que, como tú, ha entregado su vida al esfuerzo y al sacrificio, y que les conceda una vejez digna. **Amén.**

Con amor,

Tu hijo

Agradecimientos

Este libro es el resultado de un camino que comenzó en 2022, marcado por el estudio, la docencia, la práctica profesional y la investigación. Ha sido un proceso de aprendizaje en el que cada experiencia ha sumado a la construcción de esta propuesta sobre el trabajo decente en Colombia. La posibilidad de analizar el derecho del trabajo desde distintas perspectivas—como docente, abogado litigante, conjuez e investigador—me ha permitido entender su impacto real en la vida de las personas y la importancia de construir marcos normativos que respondan a los cambios de nuestro tiempo.

A la **UNIVERSIDAD DE CÓRDOBA**, le agradezco por brindarme un espacio donde la enseñanza y la reflexión han sido fundamentales para mi crecimiento académico y profesional. A través de la docencia y la extensión, he tenido la oportunidad de compartir y construir conocimiento con estudiantes y colegas que han enriquecido mi visión sobre el derecho. Su compromiso con la formación de profesionales y la generación de conocimiento ha sido un pilar en este proceso.

A la **UNIVERSIDAD DE CARTAGENA**, donde curso mi doctorado, le reconozco el impulso que me ha dado para profundizar en la investigación y en la construcción de propuestas que buscan responder a los desafíos de nuestro tiempo. Su apoyo en la movilidad académica y en la integración de la docencia, la extensión y la investigación ha sido clave para que este libro no sea solo una reflexión teórica, sino una propuesta con aplicación real.

A **YZM PROFESIONALES S.A.S.,** la firma que gerencio, le debo la oportunidad de vivir el derecho en su dimensión más tangible. La experiencia en el litigio y la asesoría jurídica ha sido esencial para comprender cómo los principios jurídicos se materializan en cada caso, cada cliente y cada decisión. Ha sido un espacio donde la teoría y la práctica se encuentran, recordándome cada día la responsabilidad que conlleva el ejercicio del derecho.

A todas las personas que han estado presentes en este proceso, a quienes han compartido ideas, experiencias y preguntas que han alimentado esta investigación, les agradezco profundamente. Este libro no es solo el resultado de un esfuerzo personal, sino de muchas conversaciones, aprendizajes y desafíos que han dado forma a una visión más clara del trabajo y la justicia en nuestra sociedad.

Con gratitud,

Rafael Alberto Zúñiga Mercado.

TEORÍA BIO-LABORAL Y SU ROL EN LA PROTECCIÓN DEL TRABAJO DECENTE

Introducción

El concepto de trabajo decente ha cobrado una relevancia global en la búsqueda de garantizar condiciones laborales justas y dignas. Desde su introducción por la Organización Internacional del Trabajo (OIT) en la Conferencia Internacional del Trabajo de 1999, ha servido como pilar fundamental en la formulación de políticas laborales dirigidas a la equidad, la seguridad y la justicia social. No obstante, la creciente transformación del mercado laboral, impulsada por el desarrollo de la biotecnología, la inteligencia artificial y la automatización, ha generado nuevos desafíos que requieren la revisión y adaptación de los marcos normativos existentes.

El presente estudio se sitúa en este contexto y se propone analizar la relación entre la bioética, el derecho y el trabajo decente desde una perspectiva integradora, explorando la convergencia entre el Bioderecho y el Derecho del Trabajo. En particular, se examina la Teoría Bio-Laboral como un marco emergente que busca articular la bioética y el derecho laboral para garantizar la protección de los derechos de los trabajadores en la era digital y biotecnológica.

A lo largo de la historia, los principios han constituido elementos estructurantes del pensamiento jurídico y ético, desempeñando un papel central en la interpretación de normas, la resolución de dilemas y la formulación de políticas públicas. Dos enfoques han adquirido especial relevancia en este sentido: el principialismo, desarrollado en la bioética a partir de los principios de autonomía, beneficencia, no maleficencia y justicia, y la principialística, que en el derecho ha evolucionado como un modelo interpretativo que otorga a los principios un carácter estructurante en la aplicación normativa. El estudio del principialismo y la principialística es fundamental para comprender cómo operan los principios en la regulación de la conducta humana y en la estructuración de marcos normativos que responden a los cambios sociales y tecnológicos.

El desarrollo científico y tecnológico ha transformado radicalmente las dinámicas laborales, introduciendo oportunidades y desafíos sin precedentes. La automatización de procesos productivos, el uso de información genética en la selección de personal y la aplicación de neurotecnologías en el ámbito laboral son fenómenos que requieren un marco jurídico innovador que combine los principios de la bioética con los fundamentos del derecho del trabajo. En este sentido, la integración del Bioderecho y el Derecho del Trabajo ofrece una perspectiva normativa que responde a los desafíos del siglo XXI sin comprometer los derechos fundamentales de los trabajadores.

El estudio se estructura en tres grandes apartados. En el primer capítulo se examina el principialismo y la principialística, estableciendo las bases teóricas de la normatividad basada en principios y su impacto en la bioética y el derecho. Se analiza la evolución histórica de ambos enfoques, sus fundamentos epistemológicos y las críticas que han recibido en el contexto contemporáneo.

El segundo capítulo aborda la intersección entre el Bioderecho y el Derecho del Trabajo, explorando cómo la regulación de la biotecnología impacta la protección de los derechos laborales. Se examinan cuestiones como la regulación del uso de datos biomédicos en la contratación, la automatización del empleo y los principios fundamentales del trabajo decente en relación con los avances científicos y tecnológicos.

El tercer capítulo introduce la Teoría Bio-Laboral como un modelo normativo que integra la principialística jurídica, el Bioderecho y los principios del trabajo decente. Se plantea un marco regulador que garantice la protección de los trabajadores en la era de la biotecnología, asegurando que los avances científicos no se conviertan en herramientas de exclusión o precarización. Asimismo, se proponen mecanismos de regulación que permitan equilibrar la innovación con la equidad y la seguridad en el empleo.

El valor de este estudio radica en su capacidad para proporcionar un marco normativo integral que aborde los desafíos del trabajo en el contexto de la biotecnología y la inteligencia artificial. A diferencia de enfoques tradicionales que analizan la bioética y el derecho del trabajo de manera separada, la Teoría Bio-Laboral permite una comprensión holística de la transformación del empleo en la era digital y biotecnológica. Su principal aporte consiste en establecer principios reguladores que aseguren la dignidad humana, la equidad y la estabilidad en el trabajo, evitando que los avances tecnológicos comprometan los derechos fundamentales de los trabajadores.

Desde un punto de vista metodológico, este estudio se basa en un enfoque cualitativo sustentado en una revisión documental exhaustiva. Se ha llevado a cabo una revisión sistemática de literatura especializada en bioética, derecho del trabajo, bioderecho y principios jurídicos, lo que ha permitido identificar los principales enfoques teóricos, debates y desafíos en la intersección de estas disciplinas. La recopilación de antecedentes doctrinales permite comprender los desafíos actuales de la regulación del trabajo en la era biotecnológica y proponer un marco regulatorio innovador.

Este estudio busca ofrecer un marco teórico que permita afrontar los desafíos del trabajo en la era de la biotecnología y la automatización. La convergencia entre el

Bioderecho y el Derecho del Trabajo plantea nuevas oportunidades para fortalecer la protección de los derechos laborales, garantizando que los avances científicos y tecnológicos sean utilizados de manera equitativa y ética. La Teoría Bio-Laboral se erige como una herramienta clave para la regulación del trabajo en el siglo XXI, asegurando que la innovación no se convierta en un mecanismo de exclusión, sino en un factor de desarrollo humano y justicia social.

La propuesta de regulación de la Teoría Bio-Laboral, presentada en este libro, se desarrolla a partir de cinco dimensiones fundamentales: la principialística jurídica, el derecho del trabajo, el bioderecho, el trabajo decente y la bioética del trabajo. Estas dimensiones permiten articular un marco normativo integral que responda a los desafíos que plantea la biotecnología y la inteligencia artificial en el ámbito laboral. A través de la principialística jurídica, se establecen los principios rectores que garantizan la equidad, la justicia y la dignidad en las relaciones laborales en un contexto de transformación tecnológica. El derecho del trabajo actúa como mecanismo de protección frente a la automatización y la digitalización del empleo, asegurando la estabilidad laboral y la seguridad jurídica. El bioderecho introduce regulaciones específicas para evitar la discriminación genética, garantizar la bioseguridad en los entornos laborales y establecer límites éticos en la aplicación de neurotecnologías y otras innovaciones biomédicas en el trabajo. Por su parte, el concepto de trabajo decente, promovido por la OIT, se incorpora como eje central de la regulación laboral, asegurando condiciones justas y equitativas en el empleo, incluso en entornos altamente digitalizados. Finalmente, la bioética del trabajo introduce una perspectiva ética en la administración del talento humano, promoviendo la salud biopsicosocial del trabajador y regulando el impacto psicosocial de la automatización. De este modo, la Teoría Bio-Laboral busca equilibrar el avance tecnológico con la protección de los derechos fundamentales de los trabajadores, proponiendo una regulación innovadora que garantice la estabilidad, la equidad y la dignidad en el mundo del trabajo.

Capítulo 1: Principialismo y Principialística en Bioética y Derecho

Introducción

Los principios han sido concebidos a lo largo de la historia como estructuras fundamentales del conocimiento y la normatividad. Desde la filosofía clásica hasta la epistemología contemporánea, su función ha sido proporcionar bases racionales para la organización del pensamiento y la acción humana. En el ámbito jurídico y bioético, los principios no solo orientan la interpretación de las normas y la toma de decisiones, sino que también permiten la resolución de dilemas morales y jurídicos. Dentro de este contexto, dos enfoques han adquirido relevancia: el principialismo, que se ha consolidado en la bioética como un modelo normativo basado en cuatro principios fundamentales, y la principialística, que en el derecho destaca la función estructurante de los principios en la interpretación y aplicación normativa.

El estudio de estos enfoques es necesario para comprender cómo los principios operan en la regulación de la conducta humana, en la formulación de políticas públicas y en la argumentación jurídica. Mientras que el principialismo ha sido ampliamente adoptado en la ética biomédica como un marco de referencia para la toma de decisiones clínicas, la principialística ha evolucionado en el derecho con el fin de dotar de coherencia y justicia a los sistemas normativos. Ambos enfoques han sido objeto de debate en cuanto a su aplicabilidad, flexibilidad y universalidad, lo que ha generado una rica discusión académica en torno a su alcance y limitaciones.

En este capítulo, se abordará la naturaleza y los fundamentos teóricos del principialismo y la principialística, destacando sus diferencias y similitudes. Se examinarán sus aplicaciones en la bioética y el derecho, con especial énfasis en cómo han influido en la formulación de regulaciones éticas y normativas. Asimismo, se discutirán las principales críticas a ambos enfoques y las perspectivas contemporáneas que han surgido en torno a su desarrollo.

El capítulo está estructurado en tres secciones principales. En la primera, se analizará el principialismo en la bioética, explorando su origen, sus fundamentos teóricos y las críticas que ha recibido. En la segunda, se estudiará la principialística en el derecho, abordando su evolución y su impacto en la interpretación y aplicación de las normas jurídicas. Finalmente, en la tercera sección, se explorará la intersección entre estos enfoques en la biojurídica, destacando cómo los principios bioéticos y jurídicos pueden integrarse para abordar desafíos normativos en contextos contemporáneos. Con este análisis, el capítulo busca proporcionar al lector una comprensión profunda de los principios como ejes normativos en la ética y el derecho, permitiendo una reflexión crítica sobre su aplicabilidad en distintos escenarios.

Los Principios como Fundamentos del Conocimiento y la Normatividad

El concepto de principio ha sido un objeto recurrente de estudio en la tradición filosófica y científica, sirviendo como fundamento para diversas áreas del conocimiento. Desde la perspectiva clásica, Platón concibió los principios como las raíces del ser y del conocimiento, mientras que Aristóteles los definió como la "primera causa" del ser y del devenir (Rescher, 2002). En la evolución de la epistemología y la metodología científica, los principios han operado como guías para la construcción de teorías, modelos explicativos y sistemas normativos. En este análisis, se abordará la conceptualización de los principios en filosofía, ciencia, derecho, ética, economía y lingüística, destacando su función estructurante en cada una de estas áreas.

La tradición filosófica ha considerado los principios como fundamentos esenciales del pensamiento. Según Rescher (2002), un principio filosófico es una instrucción general para la práctica de la filosofía, un axioma metodológico que prescribe la forma adecuada de razonar y proceder en la indagación filosófica. En este contexto, los principios pueden clasificarse en tres grandes categorías: principios de adecuación informativa, de coherencia racional y de economía racional. El principio de adecuación informativa, según Peirce, establece que no se debe bloquear el camino a la investigación, lo que implica la necesidad de mantener abiertas todas las posibles líneas de indagación.

Por otro lado, en la epistemología, se han formulado principios fundamentales como el principio de identidad y el principio del tercero excluido, que constituyen las bases del pensamiento lógico (Granger, 1999). La lógica formal y la metafísica han desarrollado principios cuya validez se sustenta en su capacidad para proporcionar un marco de referencia en la estructuración del conocimiento.

En el ámbito científico, los principios operan como postulados que subyacen a las leyes y modelos explicativos de la realidad. Granger (1999) señala que en ciencia, los principios pueden adoptar la forma de reglas evidentes o generalizaciones derivadas de leyes aceptadas. Un ejemplo paradigmático es el principio de causalidad, según el cual todo evento tiene una causa. Este principio ha sido determinante en el desarrollo de la física y otras ciencias naturales.

Desde la perspectiva metodológica, científicos como Leibniz y Gödel han defendido que la comprensión de la naturaleza requiere no solo el conocimiento de sus leyes, sino también de los principios que regulan su funcionamiento (Rescher, 2002). La investigación científica, por tanto, no solo se orienta hacia la formulación de leyes empíricas, sino también hacia la identificación de principios que permiten su fundamentación teórica.

En el ámbito jurídico, los principios cumplen una función normativa y axiológica, estableciendo los valores fundamentales que rigen la interpretación y aplicación de las leyes. Aleshkova (2021) sostiene que los principios del derecho constituyen un fenómeno complejo que sintetiza la conciencia humana y la práctica social, funcionando como primera causa de las normas constitucionales. Entre los principios jurídicos fundamentales se encuentran el principio de legalidad, que establece que nadie puede ser sancionado sin una ley previa que lo determine, y el principio de proporcionalidad, que orienta la aplicación de sanciones conforme a criterios de equidad y justicia.

Hao (2002) destaca que la relación entre moral y derecho debe comprenderse desde una perspectiva dialéctica, en la cual la justicia y la racionalidad social operan como elementos fundamentales del orden normativo. En este sentido, la filosofía del derecho ha buscado integrar los principios morales en la legislación y la administración de justicia, dando lugar a modelos de regulación basados en la unidad entre moral y derecho.

La ética y la bioética han desarrollado principios que regulan la conducta humana en función de valores universales. Según Horner (2003), la moralidad se define por valores compartidos dentro de una comunidad, mientras que la ética se enfoca en la justificación filosófica de estos valores. En este contexto, Beauchamp y Childress formularon los cuatro principios de la bioética: autonomía, beneficencia, no maleficencia y justicia (Aksoy & Elmai, 2002). Estos principios han sido ampliamente debatidos y adoptados en la ética médica y biomédica.

Crowe (1970) analiza la relación entre principios morales y derechos humanos, señalando que la evolución del pensamiento ético ha dado lugar a desacuerdos fundamentales sobre la existencia misma de principios morales generales. En este sentido, la ética se caracteriza por la constante revisión y reinterpretación de sus principios en función de los cambios socioculturales.

En economía, los principios operan como reguladores de la dinámica del mercado. El principio de oferta y demanda es un ejemplo clásico, estableciendo que el precio de un bien o servicio se ajusta en función de la disponibilidad del producto y la cantidad de compradores. Estos principios, aunque sujetos a variaciones históricas, mantienen su función explicativa en el análisis de fenómenos económicos.

El principio de contexto, desarrollado por Frege y Wittgenstein, sostiene que el significado de una palabra solo puede comprenderse dentro del contexto de una oración completa (FitzGibbon, 1983). Este principio ha influido en el desarrollo de la teoría del lenguaje y en el estudio de la semántica.

El análisis de los principios en diversas disciplinas permite concluir que estos constituyen estructuras fundamentales en la organización del conocimiento y la acción humana. En filosofía, los principios operan como normas metodológicas que guían el razonamiento. En ciencia, proporcionan la base para la formulación de teorías y modelos explicativos. En derecho, orientan la interpretación y aplicación de las normas. En ética y bioética, regulan la toma de decisiones morales y profesionales. En economía, explican el comportamiento de los mercados. En lingüística, fundamentan la interpretación del significado en el contexto del lenguaje.

Así, los principios no solo establecen puntos de partida, sino que también evolucionan y se consolidan como ejes estructurales del pensamiento y la práctica en diversas disciplinas. Su función radica en proporcionar coherencia y estructura, facilitando la articulación de sistemas normativos y epistemológicos en diferentes contextos del conocimiento humano.

Principialismo y Principialística: Enfoques en la Bioética y el Derecho

El estudio de los principios en la ética y el derecho ha dado lugar a distintos enfoques que buscan sistematizar la toma de decisiones en contextos complejos. Entre estos enfoques, el principialismo y la principialística constituyen dos formas de aproximación que, aunque comparten la centralidad de los principios, difieren en su aplicación y objetivos. Este apartado analiza ambos conceptos, destacando sus diferencias y aportes en los campos de la bioética y el derecho.

El principialismo es un modelo que estructura la toma de decisiones éticas a partir de cuatro principios fundamentales: autonomía, beneficencia, no maleficencia y justicia. Este modelo fue desarrollado por Beauchamp y Childress y se ha convertido en una referencia en bioética (Herrera Fragoso, 2021). Sin embargo, su aplicación ha sido objeto de críticas debido a su aparente reduccionismo y la rigidez de sus principios (Casasola Rivera, 2016). Algunas críticas se centran en su falta de consideración del contexto cultural y social, así como en la carencia de un marco sistemático que jerarquice los principios en situaciones específicas (Garrafa, Martorell, & Nascimento, 2016).

El origen del principialismo está vinculado con el Informe Belmont de 1979, elaborado por la National Commission for the Protection of Human Subjects of Biomedical and Behavioral Research en respuesta a violaciones éticas en la investigación médica, como las experimentaciones en los campos de concentración nazis (Encyclopedia of Food and Agricultural Ethics, 2019). Este informe estableció los principios de autonomía, beneficencia y justicia como ejes para la regulación de la investigación en seres humanos. Posteriormente, el modelo se amplió con la incorporación del principio de no maleficencia, convirtiéndose en un referente normativo en la bioética.

A pesar de su aplicación extendida, el principialismo ha sido criticado por su reduccionismo y su tendencia a la hegemonía dentro del discurso bioético (Garrafa et al., 2016). Se ha argumentado que su enfoque universalista no considera adecuadamente las particularidades culturales y las asimetrías entre sociedades, lo que ha llevado a la necesidad de repensar su aplicabilidad. En respuesta a estas críticas, algunos autores han propuesto enfoques complementarios, como la bioética personalista, que enfatiza la dignidad humana como eje central de la toma de decisiones éticas (García, 2013). Otros enfoques, como la bioética hermenéutica, han sugerido una interpretación más flexible de los principios bioéticos (Quintero Martín, 2018).

En contraste, la principialística es un enfoque centrado en el estudio y aplicación de principios en el ámbito del derecho. Su fundamento radica en la relevancia de los principios generales del derecho para la interpretación y aplicación de las normas jurídicas. Este enfoque ha sido influenciado por el neoconstitucionalismo, que ha transformado la comprensión de la jurisdicción y otros conceptos clave del derecho (Alvarez, 2014). En este sentido, la principialística busca establecer un marco sistemático que garantice coherencia y justicia en la aplicación de las normas jurídicas.

El desarrollo de la principialística ha sido clave en la evolución del derecho contemporáneo, especialmente en lo que respecta a la interpretación de los derechos fundamentales y la organización del ordenamiento jurídico. Sin embargo, este enfoque también enfrenta críticas, particularmente en relación con la falta de un marco sistemático para la jerarquización de principios en el derecho. Algunos estudios han explorado la relación entre la principialística y el ejercicio profesional del derecho, destacando la importancia de los principios ético-profesionales en la práctica legal (Sañudo Ospina, 2014).

En la intersección entre el principialismo y la principialística se encuentra la biojurídica, un campo que integra principios bioéticos en la regulación jurídica. Este enfoque busca garantizar un equilibrio entre la ética y el derecho en el tratamiento de cuestiones relacionadas con la investigación biomédica y la justicia en el acceso a la atención sanitaria (Herrera Fragoso, 2021). La biojurídica representa un esfuerzo por integrar principios éticos en el derecho de manera coherente y efectiva.

Así las cosas, el principialismo y la principialística representan dos enfoques distintos en la aplicación de principios normativos. Mientras que el principialismo es un modelo aplicado en la bioética para guiar la toma de decisiones éticas a partir de cuatro principios fundamentales, la principialística se enfoca en la estructura y aplicación de principios en el derecho. Ambos enfoques comparten el objetivo de establecer marcos normativos coherentes, pero difieren en su naturaleza y campo de aplicación. El principialismo ha sido objeto de críticas por su reduccionismo y falta de adaptabilidad, mientras que la principialística enfrenta desafíos en la jerarquización de principios en el derecho. No obstante, ambos enfoques han contribuido a la comprensión y aplicación de principios normativos en sus respectivos campos.

Principialística en Bioética

El desarrollo de la bioética ha estado marcado por la necesidad de establecer un marco teórico que permita la toma de decisiones éticas en el ámbito médico y de la investigación científica. Dentro de este contexto, la principialística ha surgido como un modelo que orienta la resolución de dilemas morales a través de la aplicación de cuatro principios fundamentales: autonomía, beneficencia, no maleficencia y justicia. Este enfoque, propuesto por Beauchamp y Childress (2013), ha sido ampliamente adoptado en la práctica clínica y en la investigación biomédica debido a su aplicabilidad y estructura sistemática. Sin embargo, también ha sido objeto de críticas por su falta de integración en una teoría moral unificada y por su sesgo cultural. Este apartado aborda la estructura del modelo principialista, su aplicación en el ámbito bioético y los debates que ha generado.

La estructura del principialismo se basa en cuatro principios básicos. El primero es la autonomía, que implica respetar la capacidad de los individuos para tomar decisiones sobre su vida y salud, lo que se manifiesta a través del consentimiento informado y la protección de poblaciones vulnerables (Beauchamp & Childress, 2013). La beneficencia establece la obligación de maximizar los beneficios y minimizar los riesgos en la atención médica, buscando siempre el bienestar del paciente (Walker,

2009). La no maleficencia se enfoca en evitar daños intencionales o negligentes, lo que obliga a los profesionales de la salud a evaluar los riesgos de cada intervención (Beauchamp & Childress, 2013). Finalmente, la justicia se relaciona con la distribución equitativa de los recursos y beneficios en el sistema de salud, evitando discriminaciones y garantizando el acceso justo a tratamientos y procedimientos (National Commission for the Protection of Human Subjects of Biomedical and Behavioral Research, 1979).

El impacto de este modelo en la bioética se ha convertido en un referente para la regulación ética en la investigación con seres humanos y en la formulación de políticas de protección de sujetos de investigación (National Commission for the Protection of Human Subjects of Biomedical and Behavioral Research, 1979). El Informe Belmont estableció tres principios fundamentales que han influido en el principialismo: respeto por las personas, beneficencia y justicia (Miracle, 2016). Este documento ha orientado la creación de normativas éticas y protocolos de investigación a nivel internacional, asegurando la protección de los participantes en estudios clínicos y promoviendo el consentimiento informado (Anabo, Elexpuru-Albizuri, & Villardón-Gallego, 2018).

A pesar de su adopción generalizada, el principialismo ha sido objeto de críticas. Clouser y Gert (1990) argumentan que los principios carecen de una integración sistemática en una teoría moral coherente, lo que puede generar conflictos en su aplicación. La falta de jerarquización de los principios puede llevar a dilemas éticos sin una guía clara para su resolución. Clouser (1995) propone que, en lugar del principialismo, la moralidad común, basada en reglas y valores compartidos por la sociedad, podría ser un marco más adecuado para la bioética, ya que permite una mayor adaptabilidad a distintos contextos culturales y profesionales. Evans (2000) señala que el modelo principialista ha sido adoptado ampliamente debido a su compatibilidad con la estructura deliberativa occidental, pero advierte que su imposición en contextos no occidentales podría generar problemas de aplicabilidad. Walker (2009) también critica que los principios del principialismo no cubren la totalidad de los valores éticos que los profesionales de la salud deberían considerar, lo que podría limitar su efectividad en la toma de decisiones.

Con base en lo anterior, la principialística se define como un modelo bioético que utiliza cuatro principios fundamentales para orientar la toma de decisiones en la práctica médica y la investigación. Su naturaleza radica en proporcionar un marco estructurado y sistemático que permite la evaluación de dilemas éticos. No obstante, sus fines están limitados por la falta de una teoría moral unificada y por las críticas que apuntan a su carácter individualista y occidental. A pesar de estas limitaciones, sigue siendo una herramienta útil en la bioética, permitiendo una reflexión ética sobre la toma de decisiones médicas y la investigación científica.

La Principialística Jurídica, los Principios Jurídicos y los Principios Generales del Derecho

El derecho, en su esencia, no puede reducirse exclusivamente a normas escritas; requiere de directrices que orienten su aplicación e interpretación para garantizar coherencia, justicia y seguridad jurídica. En este contexto, se han desarrollado diversas corrientes de pensamiento que explican la relación entre normas y principios. Destacan la principialística jurídica, los principios jurídicos y los principios generales del derecho. Aunque estas categorías guardan relación entre sí, cumplen funciones distintas dentro del ordenamiento jurídico.

La presente exploración tiene como objetivo analizar la naturaleza y aplicación de estos conceptos en la teoría y práctica jurídica, apoyándose en la doctrina de autores relevantes como Ronald Dworkin, Robert Alexy y H.L.A. Hart. Se examinará la principialística jurídica como corriente teórica, los principios jurídicos como criterios interpretativos y los principios generales del derecho como normas supletorias ante vacíos normativos. Finalmente, se presentará una conclusión que permita identificar sus diferencias y complementariedades dentro del derecho.

El derecho no solo se compone de normas escritas, sino también de principios que permiten interpretar, aplicar y suplir lagunas normativas en el ordenamiento jurídico. La principialística jurídica defiende la idea de que los principios tienen una función determinante en la aplicación de la ley, aportando coherencia y justicia al sistema legal. Por otro lado, los principios jurídicos funcionan como directrices interpretativas que orientan la creación y aplicación del derecho positivo. Finalmente, los principios generales del derecho actúan como normas supletorias, garantizando que la ausencia de disposiciones normativas no genere vacíos de regulación. La distinción entre estas categorías resulta fundamental para comprender el derecho contemporáneo y su aplicación en diversos sistemas jurídicos.

La principialística jurídica se sustenta en la idea de que el derecho no es un conjunto de normas cerradas, sino un sistema dinámico donde los principios cumplen un papel estructurante. Ronald Dworkin, uno de sus principales exponentes, defendió la relevancia de los principios en la resolución de controversias jurídicas. Para Dworkin, los jueces no pueden limitarse a la aplicación mecánica de las normas, sino que deben interpretar los principios implícitos en el derecho para alcanzar decisiones justas y coherentes. En este sentido, criticó el positivismo jurídico de H.L.A. Hart, argumentando que su teoría excluía la importancia de los principios en la interpretación del derecho (Ospina, 2017; Pérez Jaraba, 2011).

Robert Alexy desarrolló una perspectiva complementaria al distinguir entre reglas y principios. Según Alexy, las reglas se aplican en una lógica de todo o nada, mientras que los principios son mandatos de optimización que pueden ponderarse en casos de conflicto. Su teoría del principio de proporcionalidad ha sido clave para la resolución de controversias en tribunales constitucionales, ya que permite equilibrar derechos fundamentales en situaciones de colisión normativa (Suárez Romero, 2017). La principialística jurídica ha sido ampliamente aplicada en la jurisprudencia de tribunales constitucionales, donde los principios como la dignidad humana, la proporcionalidad y la seguridad jurídica han adquirido un rol central en la interpretación de normas legales (Mejías Alonzo, 2018).

Los principios jurídicos son criterios fundamentales que permiten orientar la interpretación y aplicación del derecho. A diferencia de las normas, que establecen mandatos específicos, los principios actúan como directrices generales. Estos pueden dividirse en explícitos, cuando están incorporados en textos normativos como la Constitución, e implícitos, cuando surgen de la jurisprudencia y la interpretación doctrinal (Garate, 2019). Ejemplos de principios jurídicos incluyen el principio de igualdad, que establece que todas las personas deben ser tratadas equitativamente ante la ley; el principio de legalidad, que limita la actuación de las autoridades al marco normativo establecido; y el principio de proporcionalidad, que busca equilibrar derechos en conflicto para evitar decisiones desproporcionadas (Marcos, 2016). Estos principios desempeñan un papel crucial en la argumentación jurídica y en la interpretación normativa, especialmente en el contexto del neoconstitucionalismo (Bystrov & Vinogradov, 2023).

Los principios generales del derecho son normas supletorias que se aplican en ausencia de una disposición específica. Su origen se encuentra en la tradición jurídica, la moral y la costumbre, y han sido reconocidos como fuente del derecho en diversas legislaciones, especialmente en el derecho latinoamericano y español (Trujillo Vallejo, 2019). Entre los ejemplos más relevantes de principios generales del derecho se encuentran la buena fe, que exige que las partes actúen con honestidad y lealtad en sus relaciones jurídicas; la equidad, que permite ajustar la aplicación del derecho a las circunstancias particulares de cada caso; y la irretroactividad de la ley, que impide que una norma se aplique a situaciones ocurridas antes de su promulgación. Estos principios cumplen una función clave en la interpretación judicial, garantizando que las decisiones se ajusten a valores fundamentales y evitando resoluciones arbitrarias (Waluchow, 1999).

Finalmente, el derecho común (Ius Commune) ha servido como un marco estructural para el desarrollo de estos principios a lo largo de la historia jurídica. Este concepto, según Mejías Alonzo (2018), ha influido en la configuración del sistema legal, integrando la dogmática jurídica y el acervo común de interpretaciones normativas, lo que refuerza la importancia de los principios generales en la aplicación del derecho.

El análisis de la principialística jurídica, los principios jurídicos y los principios generales del derecho permite comprender sus diferencias y complementariedades dentro del derecho. La principialística jurídica representa una corriente teórica que enfatiza la importancia de los principios en la interpretación y aplicación del derecho. Los principios jurídicos funcionan como directrices orientadoras dentro del sistema jurídico, garantizando coherencia y justicia en la aplicación de las normas. Por su parte, los principios generales del derecho actúan como normas supletorias ante vacíos normativos, asegurando que el sistema jurídico pueda operar de manera justa y eficaz.

Conclusiones

El análisis del principialismo y la principialística ha permitido examinar la función de los principios en la estructuración del conocimiento y la regulación normativa, en particular en los ámbitos de la bioética y el derecho. A lo largo del capítulo, se ha explorado cómo estos enfoques han sido concebidos como herramientas metodológicas y normativas para la interpretación y aplicación de normas, la resolución de dilemas éticos y jurídicos, y la formulación de políticas públicas. Sin embargo, su aplicabilidad trasciende estos campos específicos y plantea desafíos que requieren mayor desarrollo teórico y práctico en la regulación de distintos aspectos del ordenamiento jurídico.

En términos de aplicabilidad, el principialismo se ha consolidado en la bioética como un modelo normativo basado en cuatro principios fundamentales (autonomía, beneficencia, no maleficencia y justicia), lo que ha facilitado la creación de marcos regulatorios en la medicina y la investigación biomédica. No obstante, su estructura ha sido criticada por su falta de jerarquización y su reduccionismo al abordar problemas éticos complejos. Estas limitaciones han impulsado el desarrollo de enfoques complementarios que buscan integrar elementos contextuales y normativos más amplios, permitiendo una interpretación más flexible de los principios en escenarios diversos.

Por su parte, la principialística en el derecho ha sido clave en la transformación de la interpretación y aplicación de normas jurídicas. Este enfoque ha permitido ampliar la función de los principios en la construcción del derecho, otorgándoles un rol orientador en la toma de decisiones judiciales, la argumentación jurídica y la formulación de políticas públicas. Su influencia ha sido particularmente relevante en el constitucionalismo contemporáneo, donde los principios han adquirido un papel central en la resolución de conflictos normativos y en la protección de derechos fundamentales. Sin embargo, la principialística también enfrenta desafíos, especialmente en lo que respecta a la delimitación de su aplicación en sistemas jurídicos que requieren claridad en la jerarquización normativa.

Desde una perspectiva aplicada, estos enfoques pueden extenderse a diversas ramas del derecho, incluyendo el derecho del trabajo y la promoción del trabajo decente en el marco del ordenamiento jurídico. La función de los principios en esta área puede observarse en su incidencia en la formulación de políticas laborales, la interpretación judicial de derechos laborales y la estructuración de marcos normativos que buscan garantizar condiciones laborales justas. Por ejemplo, el principio de dignidad humana, ampliamente desarrollado en la principialística jurídica, ha servido de base para decisiones judiciales en materia laboral y para el reconocimiento de derechos fundamentales de los trabajadores en distintas jurisdicciones.

Asimismo, la aplicación de los principios en el derecho del trabajo tiene implicaciones en la elaboración de leyes, actos administrativos y políticas públicas. La Organización Internacional del Trabajo (OIT) ha promovido principios fundamentales como la equidad, la estabilidad en el empleo y la no discriminación, los cuales han sido incorporados en el diseño de normativas sobre derechos laborales y seguridad social. Desde una perspectiva de principialismo aplicado, la promoción del trabajo decente, entendido como aquel que garantiza condiciones adecuadas de remuneración, seguridad y acceso a la protección social, puede beneficiarse del desarrollo de marcos normativos basados en principios que orienten la formulación de leyes y regulaciones laborales.

En términos jurisprudenciales, la principialística ha sido utilizada por tribunales constitucionales y laborales para interpretar derechos laborales en contextos donde la norma jurídica no ofrece una solución clara. Casos emblemáticos han demostrado cómo principios como la proporcionalidad y la razonabilidad han servido para delimitar la aplicación de normas laborales en situaciones de conflicto entre empleadores y trabajadores, permitiendo decisiones más ajustadas a los valores fundamentales del ordenamiento jurídico.

Finalmente, la intersección entre el principialismo y la principialística en la biojurídica evidencia la posibilidad de integrar estos enfoques en la regulación de nuevas áreas del derecho, como el impacto de la tecnología en el trabajo, la regulación de plataformas digitales y los derechos laborales en el contexto de la inteligencia artificial. El reto futuro consiste en consolidar modelos normativos que permitan la aplicación coherente de principios en distintas áreas del derecho y en la formulación de políticas públicas, garantizando su funcionalidad sin generar excesiva discrecionalidad en su interpretación y aplicación.

Así las cosas, la evolución de los principios en bioética y derecho ha demostrado su relevancia en la construcción de marcos normativos y en la resolución de dilemas jurídicos y éticos. Sin embargo, su aplicabilidad debe seguir siendo objeto de análisis para evitar el riesgo de ambigüedad interpretativa y garantizar su coherencia en el desarrollo del ordenamiento jurídico. La expansión de estos enfoques a áreas como el derecho laboral y el trabajo decente abre nuevas posibilidades para su aplicación en la formulación de leyes, la toma de decisiones judiciales y la implementación de políticas públicas orientadas a la justicia social y la equidad en el mundo del trabajo.

Referencias bibliográficas

Aleshkova, I. A. (2021). The concept of "principle" as an element of law. *Linguistics and Culture Review, 5*(S3), 1586-1596. https://doi.org/10.21744/lingcure.v5nS3.1829

Álvarez, R. C. (2014). *El nuevo paradigma de la garantía de la jurisdicción*. Ars Boni et Aequi, 10(1), 119-150. https://dialnet.unirioja.es/servlet/articulo?codigo=5853784

Aksoy, Ş., & Elmai, A. (2002). The core concepts of the 'four principles' of bioethics as found in Islamic tradition. *Medicine and law, 21*(2), 211-24.

Anabo, I., Elexpuru-Albizuri, I., & Villardón-Gallego, L. (2018). Revisiting the Belmont Report's ethical principles in internet-mediated research: perspectives from disciplinary associations in the social sciences. *Ethics and Information Technology, 21*, 137-149. https://doi.org/10.1007/s10676-018-9495-z

Beauchamp, T. L., & Childress, J. F. (2013). *Principles of biomedical ethics* (7th ed.). Oxford University Press.

Bystrov, A., & Vinogradov, S. (2023). The "Hart-Dworkin" Debate: Critical Capacity for Russian Legal Theory. Courier of Kutafin Moscow State Law University (MSAL). https://doi.org/10.17803/2311-5998.2023.104.4.079-090

Casasola Rivera, W. (2016). *Más allá del principialismo: Hacia una reconceptualización de la bioética*. Revista PRAXIS, 73, 67-101. https://doi.org/10.15359/praxis.73.5

Clouser, K. (1995). Common Morality as an Alternative to Principlism. *Kennedy Institute of Ethics Journal, 5*, 219 - 236. https://doi.org/10.1353/KEN.0.0166

Clouser, K., & Gert, B. (1990). A critique of principlism. *The Journal of medicine and philosophy, 15*(2), 219-236. https://doi.org/10.1093/JMP/15.2.219

Crowe, M. B. (1970). Moral law and human rights. *J R Coll Gen Pract, 19*(92), 125-31. PMID: 5442328; PMCID: PMC2237215.

Encyclopedia of Food and Agricultural Ethics. (2019). *Principlism.*

Evans, J. (2000). A sociological account of the growth of principlism. *The Hastings Center report, 30*(5), 31-38. https://doi.org/10.2307/3527886

FitzGibbon, J. (1983). *Ethics: Fundamental Principles of Moral Philosophy.*

Fleurbaey, M. (2002). Equality of Resources Revisited*. Ethics, 113, 82-105. https://doi.org/10.1086/341320

Garate, R. M. (2019). Una visión iusfilosófica de los principios del derecho y de los principios del derecho de familia. Anales De La Facultad De Ciencias Juridicas Y Sociales De La Universidad Nacional De La Plata, 16(49), 029. https://doi.org/10.24215/25916386e029

Garrafa, V., Martorell, L. B., & Nascimento, W. F. (2016). *Críticas ao principialismo em bioética: perspectivas desde o norte e desde o sul.* Saude E Sociedade, 25, 442-451. https://doi.org/10.1590/S0104-12902016150801

García, J. J. (2013). *Bioética personalista y bioética principialista.* Cuad Bioet, 24(80), 67-76.

Granger, G. G. (1999). Principles scientifiques, principes philosophiques. *Principia: An International Journal of Epistemology, 3*, 87-100.

Hao, F. (2002). The principle of philosophy of law in the unification of morality and law. *Journal of Southeast University.*

Herrera Fragoso, A. A. (2021). *De los principios éticos a los bioéticos y biojurídicos.* Medicina Y Ética, 23(3), 349-367.

Horner, J. (2003). Morality, ethics, and law: introductory concepts. *Semin Speech Lang, 24*(4), 263-74.

Marcos, F. J. (2016). Los principios jurídicos, la dialéctica y la retórica. *Prudentia Iuris.* Disponible en: https://repositorio.uca.edu.ar/handle/123456789/2977

Mejías Alonzo, C. C. (2018). *IUS COMMUNE AS A FOUNDATION OF THE NATIONAL LEGAL SYSTEM. A REVIEW OF ITS CONTENT. Revista Chilena de Derecho, 45*(3), 621-646. https://dx.doi.org/10.4067/S0718-34372018000300621

Miracle, V. (2016). The Belmont Report: The Triple Crown of Research Ethics. *Dimensions of Critical Care Nursing, 35*, 223-228. https://doi.org/10.1097/DCC.0000000000000186

National Commission for the Protection of Human Subjects of Biomedical and Behavioral Research. (1979). *The Belmont Report: Ethical principles and guidelines for the protection of human subjects of research*. U.S. Department of Health, Education, and Welfare. https://www.hhs.gov/ohrp/regulations-and-policy/belmont-report/read-the-belmont-report/index.html

Ospina, A. M. (2017). *Estructura de los principios jurídicos en Ronald Dworkin.* https://dialnet.unirioja.es/servlet/articulo?codigo=6197958

Pérez Jaraba, M. D. (2011). *Principios y reglas: examen del debate entre R. Dworkin y H.L.A. Hart. Revista Estudios Jurídicos. Segunda Época, 10.* https://revistaselectronicas.ujaen.es/index.php/rej/article/view/543

Quintero Martín, S. (2018). *Bioética hermenéutica: una revisión crítica del enfoque principialista*. Bajo Palabra, (18).

Rescher, N. (2002). Principia Philosophiae: On the Nature of Philosophical Principles. *The Review of Metaphysics, 56*(1), 3–17.

Sañudo Ospina, J. L. (2014). *Cuestiones ético-profesionales en el ejercicio del derecho*. CES Derecho, 5(2), 251-259.

Suárez Romero, M. A. (2017). *Ley, principios jurídicos y derechos fundamentales en el actuar de los jueces y legisladores: Una propuesta positivista ante la templanza del constitucionalismo. Revista Derechos y Libertades, 36*, 220-248. Dykinson. https://doi.org/10.14679/1042

Trujillo Vallejo, D. M. (2019). *Los principios generales en la Constitución Política de Colombia y la función judicial. Nuevo Derecho, 15*(25), 53-69. https://doi.org/10.25057/2500672X.1184

Tzafestas, S. G. (2016). *Ethics: Fundamental Elements.* Springer, Cham.

Walker, T. (2009). What principlism misses. *Journal of Medical Ethics, 35*, 229-231. https://doi.org/10.1136/jme.2008.027227

Waluchow, W. (1999). *Introduction. Canadian Journal of Law & Jurisprudence, 12*, 3-3. https://doi.org/10.1017/s0841820900006500

Capítulo 2: Bioderecho y Principios del Derecho del Trabajo

Introducción

El trabajo decente enfrenta múltiples desafíos y presenta diversas oportunidades. El avance de la biotecnología y la medicina ha generado transformaciones significativas en la sociedad contemporánea, planteando dilemas éticos, jurídicos y sociales que requieren un marco regulatorio claro. En este contexto, el Bioderecho surge como una disciplina jurídica fundamental que busca establecer normativas para garantizar que el desarrollo científico y tecnológico respete los derechos fundamentales y la dignidad humana. Al mismo tiempo, el Derecho del Trabajo se encarga de regular las relaciones laborales y proteger los derechos de los trabajadores en un entorno económico y social en constante cambio. La convergencia entre ambas disciplinas resulta crucial en la actualidad, especialmente ante los desafíos que plantea la inteligencia artificial, la biotecnología aplicada al trabajo y la protección de la dignidad en el ámbito laboral.

La importancia de abordar esta temática radica en la necesidad de garantizar un equilibrio entre el progreso científico y la protección de los derechos humanos. La incorporación de nuevas tecnologías en la medicina, la genética y el ámbito laboral ha generado escenarios inéditos que requieren respuestas normativas sólidas. La regulación de la manipulación genética, la bioética aplicada al trabajo, el impacto de la inteligencia artificial en la salud laboral y la protección de la privacidad de los datos genéticos de los trabajadores son algunos de los aspectos que evidencian la intersección entre el Bioderecho y el Derecho del Trabajo. Comprender esta relación es esencial para desarrollar políticas y normativas que aseguren condiciones laborales justas y respetuosas de la dignidad humana en un contexto de avances científicos acelerados.

El objetivo de este capítulo es analizar la relación entre el Bioderecho y el Derecho del Trabajo, explorando su impacto en la regulación de la manipulación genética, la protección de la dignidad humana en la medicina y el trabajo, el papel de la bioética en los derechos laborales y los desafíos que plantea la inteligencia artificial en el ámbito laboral. Asimismo, se estudiará cómo ambas disciplinas contribuyen a la construcción de un marco normativo que permita la coexistencia armónica entre el desarrollo científico y la justicia social.

Para ello, el capítulo se estructura en varias secciones. En primer lugar, se presenta una aproximación conceptual al Bioderecho, destacando su relación con la Bioética y su papel en la regulación de los avances científicos en biomedicina y genética.

Posteriormente, se aborda la evolución y los principios fundamentales del Derecho del Trabajo, enfatizando su vínculo con los derechos humanos y los pactos sociales. En tercer lugar, se analiza la interrelación entre el Bioderecho y el Derecho del Trabajo, considerando aspectos como la bioética aplicada al trabajo, la regulación de los datos genéticos de los trabajadores, la automatización del empleo y la protección de los grupos vulnerables en el ámbito laboral. Finalmente, se presentan reflexiones sobre los desafíos y oportunidades que plantea la integración de ambas disciplinas en un mundo en constante transformación.

A partir de este análisis, las conclusiones del capítulo destacan la importancia de una regulación jurídica adaptativa que proteja la dignidad humana sin frenar el desarrollo científico y tecnológico. Se enfatiza el papel del Bioderecho y el Derecho del Trabajo en la construcción de un marco normativo que garantice la equidad, la seguridad y la estabilidad en el ámbito laboral, especialmente ante los cambios generados por la biotecnología y la inteligencia artificial. La intersección de ambas disciplinas permite abordar nuevas problemáticas laborales y bioéticas, asegurando que la innovación no comprometa los principios fundamentales de justicia y derechos humanos.

En este sentido, el capítulo introduce la Teoría Bio-Laboral, un enfoque emergente que propone una nueva perspectiva sobre la relación entre la biotecnología y el trabajo. Esta teoría plantea que el avance científico y tecnológico en el ámbito biomédico y laboral no solo transforma las condiciones de trabajo, sino que redefine la concepción misma del empleo y la dignidad del trabajador en la era digital. A través de esta perspectiva, se busca establecer un marco regulador que integre los principios del Bioderecho y el Derecho del Trabajo, garantizando que las innovaciones tecnológicas no generen nuevas formas de exclusión o precarización laboral. La Teoría Bio-Laboral se presenta, entonces, como un punto de partida clave para comprender los desafíos actuales y futuros en la regulación del trabajo en un contexto marcado por la automatización, la inteligencia artificial y la biotecnología aplicada.

Bioderecho

El desarrollo de la biotecnología y la medicina ha generado transformaciones profundas en la vida humana, dando lugar a desafíos éticos y jurídicos que exigen respuestas normativas claras. En este contexto, el Bioderecho surge como una disciplina jurídica que regula las implicaciones legales de los avances científicos en biomedicina, genética y biotecnología, asegurando el respeto a los derechos fundamentales y la dignidad humana. El presente análisis abordará la relación entre el

Bioderecho y la Bioética, la regulación de la manipulación genética y el dopaje genético, la protección de la dignidad humana en la medicina, su conexión con los derechos humanos, el impacto en la reproducción asistida y la familia, los desafíos que presenta la inteligencia artificial en la salud, la regulación de directrices anticipadas y su papel en la biotecnología.

El Bioderecho comparte un estrecho vínculo con la Bioética, en la medida en que ambas disciplinas abordan los dilemas éticos derivados del progreso científico. Sin embargo, mientras la Bioética se centra en la reflexión filosófica y moral, el Bioderecho se ocupa de establecer normativas con carácter vinculante. Romeo Casabona (2017) destaca que los derechos humanos han sido una referencia esencial en la construcción del Bioderecho y han impulsado la creación de un derecho constitucional del ciudadano bioético. Esta interacción entre Bioética y Bioderecho ha generado un enriquecimiento mutuo, aunque también ha traído dificultades en la delimitación de sus respectivos ámbitos.

Uno de los mayores desafíos del Bioderecho es la regulación de la manipulación genética y el dopaje genético. La posibilidad de modificar el ADN humano plantea interrogantes sobre los límites de la intervención en la naturaleza humana. Cimmino (2016) señala que el mejoramiento humano (enhancement) mediante la biotecnología puede entrar en conflicto con el principio de dignidad humana y la equidad. En el ámbito deportivo, el dopaje genético desafía las normas de competencia justa y plantea dilemas sobre la manipulación del rendimiento humano.

El Bioderecho también juega un papel fundamental en la protección de la dignidad humana en la medicina. Ramos-Vergara y Arenas-Massa (2015) analizan cómo la regulación del Bioderecho ha otorgado diferentes niveles de protección jurídica a los adultos mayores, en función de las conceptualizaciones sobre su dignidad. En el contexto de enfermedades terminales, Rivas García (2017) enfatiza que el Bioderecho permite abordar decisiones críticas como la eutanasia y los cuidados paliativos, garantizando que las decisiones médicas respeten tanto la ética profesional como los derechos de los pacientes.

El Bioderecho y los derechos humanos están intrínsecamente relacionados, ya que muchas de sus normativas buscan proteger la vida, la salud, la autonomía y la privacidad. Albert Márquez (2013) plantea la posibilidad de construir un Bioderecho universal basado en la protección de la vida humana, aunque advierte sobre los obstáculos derivados de la interpretación y aplicación de las normas en diferentes sistemas jurídicos.

En el ámbito de la reproducción asistida y el derecho de familia, el Bioderecho regula la fecundación in vitro, la gestación subrogada y el reconocimiento jurídico de las familias homoparentales. Zárate Cuello (2018) analiza cómo los discursos bioéticos han influido en la regulación de estas formas de familia en Colombia, en un contexto de creciente diversidad social y avances en biotecnología reproductiva. Además, se examina el impacto de las políticas de diversidad sexual en la biojuridicidad de los modelos familiares, considerando la protección de los derechos de todas las personas involucradas.

La inteligencia artificial aplicada a la salud es otro de los desafíos emergentes en el Bioderecho. Ballesteros (2019) advierte sobre los riesgos del transhumanismo y la posible manipulación tecnológica sin control. En este sentido, el Bioderecho debe establecer límites a la utilización de algoritmos en la toma de decisiones médicas, garantizando el respeto por la privacidad y la no discriminación de los pacientes.

Las directrices anticipadas, como el testamento vital, también han sido objeto de regulación dentro del Bioderecho. En algunos países, la falta de normativa específica ha generado incertidumbre para los profesionales de la salud y los pacientes (Rivas García, 2017). Esta situación demuestra la necesidad de establecer marcos normativos claros para la toma de decisiones sobre tratamientos médicos en situaciones críticas.

Finalmente, la regulación del impacto de la biotecnología en la sociedad es un aspecto central del Bioderecho. Jaramillo, Vaca y Rojas (2020) resaltan la importancia de la Bioética como fundamento para equilibrar los intereses científicos y jurídicos, asegurando que los avances tecnológicos respeten principios éticos fundamentales.

En conclusión, el Bioderecho es una disciplina jurídica en constante evolución que regula las implicaciones legales de los avances científicos en biomedicina, genética y biotecnología. Su naturaleza interdisciplinaria lo ubica en la intersección del derecho, la bioética y los derechos humanos, garantizando que el desarrollo científico respete la dignidad y los derechos fundamentales. Su finalidad es establecer un marco normativo que permita un uso ético y responsable de la ciencia, protegiendo a los individuos y a la sociedad de los riesgos derivados del progreso tecnológico.

Un elemento central en la evolución del Bioderecho es su vinculación con los derechos humanos, dado que busca salvaguardar principios esenciales como la autonomía, la justicia y la no maleficencia. La creación de normativas adecuadas y su aplicación equitativa a nivel global es un desafío continuo que exige la cooperación internacional y el desarrollo de principios jurídicos armonizados. La regulación de cuestiones como la edición genética, la inteligencia artificial en la medicina y la reproducción asistida son ejemplos claros de cómo el Bioderecho se mantiene en constante evolución para garantizar un equilibrio entre el avance tecnológico y la protección de los derechos humanos.

El Trabajo, el Derecho del Trabajo y sus Principios

El trabajo es una actividad esencial en la vida humana que trasciende su función meramente económica, configurándose como un elemento estructural en la organización social y en la evolución de las civilizaciones. A lo largo de la historia, su significado y valoración han estado sujetos a transformaciones filosóficas, religiosas y económicas. En las sociedades antiguas, el trabajo era concebido como una carga impuesta al ser humano, mientras que, en el pensamiento cristiano, se interpretó como una misión con propósito espiritual (Ershov & Ershova, 2021). Con la consolidación del capitalismo en los siglos XVIII y XIX, el trabajo se transformó en una mercancía dentro de la dinámica de las relaciones de producción, lo que generó la necesidad de establecer regulaciones que equilibraran los intereses de empleadores y trabajadores. Este proceso condujo al desarrollo del Derecho del Trabajo como una disciplina jurídica autónoma, orientada a garantizar condiciones justas y seguras en el ámbito laboral. A lo largo del tiempo, sus principios fundamentales han servido como pilares para la protección de los trabajadores y la estabilidad del mercado laboral. El presente análisis examinará la conceptualización del trabajo y su evolución, la naturaleza del Derecho del Trabajo, sus principios esenciales, su vinculación con los derechos humanos, los pactos sociales y la economía, así como su justificación filosófica en un mundo en constante transformación.

El trabajo ha evolucionado a lo largo de la historia, desde su concepción en sociedades primitivas hasta su estructuración en la economía globalizada. La Revolución Industrial marcó un punto de inflexión al evidenciar la necesidad de regulación en las relaciones laborales debido a las condiciones de explotación que surgieron en el modelo industrial. Como respuesta, se consolidaron sistemas de regulación laboral para proteger a los trabajadores y establecer normas que garantizaran condiciones dignas. Desde entonces, el trabajo ha sido reconocido no solo como una actividad económica, sino como un derecho fundamental. Este reconocimiento ha sido reforzado por instrumentos internacionales como la Declaración Universal de los Derechos Humanos y el Pacto Internacional de Derechos Económicos, Sociales y Culturales, los cuales garantizan el derecho a condiciones laborales justas y equitativas (Cubillos-Vega, 2019).

El Derecho del Trabajo es el conjunto de normas y principios que regulan las relaciones laborales, estableciendo derechos y obligaciones tanto para empleadores como para trabajadores. Su finalidad es equilibrar las diferencias estructurales entre ambas partes y garantizar la protección del trabajador, dada su posición de vulnerabilidad en la relación de trabajo (Sedova, 2013). No se trata únicamente de un mecanismo para regir la relación de empleo, sino de un marco normativo que interviene en el mercado laboral con el objetivo de resolver problemas como la asimetría de información y la concentración del poder económico en los empleadores (Marzán & Contreras, 2019). Esta regulación no solo protege derechos individuales, sino que también busca garantizar la estabilidad del mercado laboral y la cohesión social.

Los principios del Derecho del Trabajo constituyen la base sobre la cual se estructura esta disciplina jurídica. Entre los más relevantes se encuentra el principio de protección, que establece la necesidad de adoptar medidas que salvaguarden los derechos de los trabajadores y eviten situaciones de abuso o explotación. Este principio ha sido defendido en la doctrina y es reconocido como el eje fundamental del Derecho del Trabajo (Marzán & Contreras, 2019). Relacionado con este, el principio de irrenunciabilidad impide que los trabajadores renuncien a los derechos reconocidos en la legislación laboral, asegurando que las garantías mínimas sean respetadas en toda relación de trabajo. Asimismo, el principio de continuidad laboral promueve la estabilidad en el empleo, evitando despidos arbitrarios y garantizando la permanencia en el mercado de trabajo.

Otro principio central es el de igualdad y no discriminación, el cual establece que todos los trabajadores deben recibir un trato equitativo, independientemente de su género, origen o cualquier otra condición. Este principio se vincula con las disposiciones establecidas en los tratados internacionales de derechos humanos y ha sido ampliamente desarrollado en la doctrina jurídica (Rakhimov, 2024). De igual manera, el principio de libertad de contratación enfatiza la autonomía de las partes en la relación laboral, permitiendo que empleadores y trabajadores acuerden las condiciones de su vínculo, siempre que se respeten los mínimos legales establecidos (Alves, 2023). Sin embargo, este principio debe interpretarse en equilibrio con la necesidad de protección del trabajador, evitando situaciones de abuso de poder o contratos desfavorables.

El Derecho del Trabajo también se relaciona con los pactos sociales y económicos, los cuales buscan establecer acuerdos entre los diferentes actores del mercado laboral para garantizar estabilidad y equidad. Ejemplos de estos incluyen los convenios de la Organización Internacional del Trabajo (OIT), que fijan estándares internacionales de trabajo, y los acuerdos de negociación colectiva, que permiten a los sindicatos representar a los trabajadores en la definición de condiciones laborales justas (Ershov

& Ershova, 2021). En este contexto, la regulación del trabajo no solo cumple una función protectora, sino que también contribuye a la estabilidad económica y social.

El impacto del Derecho del Trabajo en la economía es un aspecto relevante en su estudio. La regulación del trabajo tiene implicaciones directas en la productividad y el desarrollo económico. El principio de productividad y desarrollo económico busca regular el trabajo de manera que fomente la eficiencia sin comprometer los derechos laborales (Fernández-Torres, Díaz-Casero & Ramajo-Hernández, 2017). Asimismo, el principio de equilibrio social establece que el crecimiento económico debe ir acompañado de una distribución justa de los beneficios, evitando desigualdades extremas. Esta coordinación entre regulación laboral y desarrollo económico es clave para evitar crisis estructurales y garantizar mercados laborales sostenibles.

El vínculo entre el Derecho del Trabajo y los Objetivos de Desarrollo Sostenible (ODS) es otro punto relevante en su análisis. En particular, el ODS 8, que promueve el trabajo decente y el crecimiento económico, destaca la necesidad de establecer condiciones laborales que garanticen estabilidad y equidad. Otros objetivos, como el ODS 1 (fin de la pobreza) y el ODS 5 (igualdad de género), también tienen relación con la regulación laboral, ya que la implementación de políticas adecuadas en este ámbito contribuye a reducir desigualdades y fomentar el desarrollo social (Oropeza Cortés, Urciaga García & Ponce Díaz, 2015).

Desde una perspectiva filosófica, el Derecho del Trabajo se fundamenta en principios de justicia distributiva y derechos humanos, garantizando la equidad y evitando la explotación. Este marco conceptual sostiene que el trabajo no solo es una transacción económica, sino también una actividad que debe permitir la autodeterminación y la inclusión social (Conaghan, 2017). Bajo esta óptica, el Derecho del Trabajo no solo protege los intereses de los trabajadores, sino que también contribuye a la democracia en el ámbito laboral al permitir la negociación colectiva y la participación de los trabajadores en las decisiones que afectan su empleo.

La discusión sobre la integración del trabajo y la vida privada también ha sido un eje central en los debates actuales. Con el auge del teletrabajo y la flexibilidad laboral, se han generado tensiones entre la autonomía del trabajador y la necesidad de establecer límites que eviten la sobreexplotación. En este sentido, la función reguladora del Derecho del Trabajo sigue siendo esencial para evitar que las transformaciones tecnológicas socaven los principios fundamentales que lo sustentan (Conaghan, 2017).

Así las cosas, el trabajo es una actividad esencial para el desarrollo humano y económico, cuya regulación a través del Derecho del Trabajo busca garantizar la protección de los trabajadores y la estabilidad del mercado laboral. Esta disciplina no solo establece normas que rigen la relación entre empleadores y trabajadores, sino que también interviene en el mercado laboral para corregir desequilibrios estructurales. Los principios fundamentales del Derecho del Trabajo, como el de protección, igualdad, continuidad y libertad de contratación, forman la base de su aplicación y permiten garantizar condiciones laborales justas. Además, su relación con los derechos humanos, pactos sociales y la economía evidencia su papel central en la configuración de sociedades equitativas y sostenibles. En un contexto globalizado y en constante transformación, el Derecho del Trabajo debe adaptarse a los nuevos desafíos sin perder de vista su objetivo fundamental: la protección de los trabajadores y el equilibrio del mercado laboral.

Relación del Bioderecho y el Derecho del Trabajo

El Bioderecho y el Derecho del Trabajo son disciplinas jurídicas que, aunque tienen enfoques distintos, comparten puntos de intersección relevantes en la protección de los derechos humanos, la regulación de la bioética en el ámbito laboral y el impacto de las nuevas tecnologías en las condiciones de trabajo. El Bioderecho regula los avances científicos y tecnológicos en el ámbito biomédico, asegurando la dignidad y la integridad de las personas, mientras que el Derecho del Trabajo se enfoca en la regulación de las relaciones laborales y la protección de los trabajadores. A partir de esta perspectiva, es posible analizar la conexión entre ambas disciplinas en diversos aspectos, tales como la protección de la dignidad humana en el trabajo, el derecho a la salud y seguridad laboral, la bioética aplicada a los derechos de los trabajadores, el impacto de la biotecnología en el empleo y la protección de los grupos vulnerables en el ámbito laboral.

El Bioderecho se estructura en torno a principios fundamentales como la autonomía, la no maleficencia, la beneficencia y la justicia, que son fundamentales en la regulación de las interacciones humanas con la biotecnología y la bioética (Herrera Fragoso, 2021). Por su parte, el Derecho del Trabajo se rige por principios como la primacía de la realidad, la estabilidad en el empleo y la justicia social, todos ellos orientados a la protección del trabajador como sujeto vulnerable dentro de la relación laboral (Gámez Jiménez, 2020). La convergencia de estos principios permite identificar una interrelación entre ambas disciplinas en la regulación de condiciones laborales dignas y en la protección de la salud y la integridad de los trabajadores.

El Derecho a la salud y seguridad en el trabajo es un punto clave en la intersección entre el Bioderecho y el Derecho del Trabajo. Mientras que el Bioderecho establece lineamientos sobre bioseguridad y ética médica, el Derecho del Trabajo regula las condiciones de trabajo seguras, asegurando que los trabajadores no sean expuestos a riesgos biológicos o tecnologías que puedan afectar su salud (Bryukhina & Tretyakova, 2023). La bioética también juega un papel central en la regulación del empleo, pues plantea cuestionamientos sobre la privacidad de los datos genéticos de los trabajadores, la no discriminación basada en la información biomédica y la ética de los exámenes médicos obligatorios (Raya-Diez, Caparrós-Civera & Carbonero-Muñoz, 2018).

El impacto de la biotecnología en el empleo y las condiciones laborales también es un tema relevante en la relación entre estas disciplinas. La automatización y la incorporación de tecnologías avanzadas en el entorno laboral han generado nuevos desafíos en la protección de los derechos laborales, ya que la adaptación a estas transformaciones requiere una regulación que garantice que no se vulneren derechos ni se creen brechas de desigualdad (Losano, 2014). En este contexto, la evolución de las normas laborales hacia el reconocimiento de nuevas formas de empleo refleja una tendencia a transformar la estructura del Derecho del Trabajo en función de los cambios tecnológicos y científicos (Galvin, 2019).

La relación entre el Bioderecho y el Derecho del Trabajo también se manifiesta en la protección de los grupos vulnerables en el ámbito laboral. Trabajadores con enfermedades crónicas, mujeres embarazadas, personas con discapacidad o aquellos expuestos a riesgos biológicos requieren una protección especial desde ambas disciplinas para garantizar la equidad y la justicia en el trabajo (Sánchez Enrique, 2013).

Desde una perspectiva teórica, la interrelación entre el Bioderecho y el Derecho del Trabajo puede conceptualizarse bajo una teoría de "Bio-Laboral". Esta teoría propone que el avance de la biotecnología y la automatización está transformando las condiciones de trabajo, lo que demanda un nuevo marco regulador que integre los principios bioéticos y biopolíticos en la protección de los derechos laborales. A través de este enfoque, el trabajo humano deja de considerarse únicamente en términos productivos y se analiza desde su dimensión biológica y social, en la que la tecnología y la bioética juegan un papel determinante (Popov, 2021). En este sentido, la Teoría Bio-Laboral busca garantizar que las innovaciones científicas no comprometan la dignidad del trabajador ni generen nuevas formas de exclusión laboral. La regulación de estos aspectos requiere un marco normativo flexible que se adapte a los avances tecnológicos sin debilitar los derechos fundamentales del trabajador.

Así las cosas, la intersección entre el Bioderecho y el Derecho del Trabajo se fundamenta en la necesidad de una regulación jurídica que contemple los avances científicos y su impacto en el ámbito laboral. A medida que las biotecnologías y la inteligencia artificial transforman la estructura del empleo, es esencial una normativa que proteja los derechos de los trabajadores sin frenar la innovación científica. La teoría de Bio-Laboral aporta un marco para comprender esta evolución, permitiendo un análisis más amplio sobre la forma en que el Bioderecho y el Derecho del Trabajo deben converger para enfrentar los desafíos del futuro.

Conclusiones

En este capítulo, hemos explorado en profundidad los desafíos y oportunidades que enfrenta la promoción del trabajo decente a través del marketing social, destacando las barreras, las tendencias emergentes y las estrategias efectivas. A continuación, se sintetizan los puntos clave discutidos, se resaltan los descubrimientos más significativos, y se ofrecen recomendaciones y reflexiones finales.

El Bioderecho, el Derecho del Trabajo y su interrelación representan áreas fundamentales del derecho que buscan regular aspectos esenciales de la vida humana en relación con el avance científico y las condiciones laborales. Este capítulo ha permitido analizar cada uno de estos aspectos de manera integral, evidenciando la necesidad de una regulación jurídica que garantice un equilibrio entre el progreso científico y la protección de los derechos fundamentales.

En primer lugar, el Bioderecho surge como una disciplina clave para la regulación de los avances científicos en biomedicina, genética y biotecnología. Su función es establecer marcos normativos que permitan un uso ético y responsable de la ciencia, protegiendo la dignidad humana y los derechos fundamentales. Su vinculación con la Bioética es innegable, ya que ambas disciplinas abordan dilemas éticos derivados del progreso científico, aunque con enfoques distintos. Mientras la Bioética se centra en la reflexión filosófica y moral, el Bioderecho busca traducir esas preocupaciones en normas jurídicas con carácter vinculante. Los desafíos en la regulación de la manipulación genética, el dopaje genético, la reproducción asistida y la inteligencia artificial en salud demuestran la necesidad de normativas claras y adaptables a las nuevas realidades científicas y tecnológicas. Asimismo, la protección de la privacidad, la autonomía de los pacientes y la equidad en el acceso a la biotecnología continúan siendo retos fundamentales en el desarrollo del Bioderecho.

En segundo lugar, el Derecho del Trabajo ha evolucionado históricamente para garantizar la protección de los trabajadores y el equilibrio del mercado laboral. Desde su origen en la Revolución Industrial hasta su vinculación con los Objetivos de Desarrollo Sostenible, esta disciplina ha jugado un papel crucial en la promoción de condiciones laborales justas y seguras. Sus principios fundamentales, como la protección, la igualdad, la continuidad y la libertad de contratación, han permitido establecer un marco normativo que busca evitar abusos y garantizar derechos laborales en un contexto de transformaciones económicas y sociales constantes. Además, su relación con los derechos humanos y los pactos sociales demuestra su importancia en la construcción de sociedades equitativas y sostenibles.

La digitalización y la automatización del trabajo han generado nuevos desafíos para la regulación laboral, dado que las condiciones laborales están experimentando cambios acelerados con la irrupción de nuevas tecnologías. La inteligencia artificial, el trabajo remoto y la automatización están transformando las dinámicas laborales y redefiniendo el concepto de empleo. En este sentido, el Derecho del Trabajo debe adaptarse para ofrecer protección a los trabajadores en un contexto donde la precarización laboral, la desigualdad y la concentración de poder en las plataformas digitales representan amenazas latentes.

Finalmente, la relación entre el Bioderecho y el Derecho del Trabajo se evidencia en la necesidad de regular los impactos de la biotecnología en el empleo y las condiciones laborales. La intersección entre ambas disciplinas permite abordar problemáticas como la bioseguridad en el trabajo, la privacidad de los datos genéticos de los trabajadores y la automatización de los procesos productivos. En este sentido, la teoría de "Bio-Laboral" se posiciona como un marco conceptual clave para analizar la transformación del mundo laboral en función del avance biotecnológico y científico.

La teoría Bio-Laboral plantea que la integración de la biotecnología en el trabajo humano requiere una regulación que garantice que las innovaciones científicas no vulneren la dignidad del trabajador ni generen nuevas formas de exclusión social. El auge de la bioingeniería, la inteligencia artificial y las nuevas formas de empleo digital han dado lugar a fenómenos inéditos que exigen un nuevo marco normativo adaptado a estas transformaciones. La bioética laboral debe garantizar que el uso de datos genéticos y biomédicos en el ámbito laboral no derive en discriminación o vulneración de derechos, y que los avances tecnológicos no sean utilizados como mecanismos para precarizar el empleo.

La aplicación de la bioética en el entorno laboral también se refleja en la protección de los trabajadores expuestos a riesgos biológicos, en la implementación de tecnologías médicas en el trabajo y en la regulación de nuevos modelos laborales que incorporan la biotecnología. La teoría Bio-Laboral permite comprender cómo el trabajo humano está siendo redefinido por la intersección entre el Bioderecho y el Derecho del Trabajo, y resalta la urgencia de establecer lineamientos que aseguren condiciones laborales justas y respetuosas de la dignidad humana.

Así las cosas, el Bioderecho y el Derecho del Trabajo son disciplinas jurídicas en evolución que, aunque con enfoques distintos, comparten el objetivo común de proteger la dignidad humana y los derechos fundamentales en el contexto del avance científico y tecnológico. La interrelación entre ambas áreas resulta esencial para afrontar los desafíos que presenta la modernidad, estableciendo marcos normativos que permitan el equilibrio entre el desarrollo científico, la justicia social y la estabilidad en el ámbito laboral. La teoría Bio-Laboral se convierte en una herramienta esencial para comprender y regular el impacto de la biotecnología en el mundo del trabajo, asegurando que el progreso tecnológico no sacrifique la equidad ni los derechos laborales. La evolución de estas disciplinas dependerá de la capacidad de los sistemas jurídicos para adaptarse a los cambios científicos sin comprometer los principios éticos y los derechos fundamentales de los individuos y las sociedades.

Referencias Bibliográficas

Albert Márquez, M. M. (2013). ¿Hacia un bioderecho universal? Bioderecho en acción y funcionalización del valor de la vida humana. Cuadernos de Bioética, 24(81), 223-238.

Alves, J. (2023). How to make the fundamental principles of the labour law be compatible with the modern work? Journal of Law and Corruption Review. https://doi.org/10.37497/corruptionreview.5.2023.49

Ballesteros, J. (2019). El futuro del derecho como lucha contra la idolatría tecnológica. Persona Y Derecho, (79), 37-50.

Bryukhina, E., & Tretyakova, E. (2023). THEORETICAL AND LEGAL SUBSTANTIATION OF BIOETHICS AND BIOLAW IN THEIR INTERRELATION AND INTERACTION. Вестник Пермского университета. Юридические науки. https://doi.org/10.17072/1995-4190-2023-62-568-589

Cimmino, M. (2016). Potenciamiento humano y dopaje genético. EUNOMÍA. Revista En Cultura De La Legalidad, (10), 114-131.

Conaghan, J. (2017). Philosophical Foundations of Labour Law. https://doi.org/10.1093/oso/9780198825272.001.0001

Cubillos-Vega, C. (2019). La formación en derechos humanos en el trabajo social: Evolución, propuestas y retos. Comunitania: Revista Internacional de Trabajo Social y Ciencias Sociales, 17, 35-58. https://doi.org/10.5944/COMUNITANIA.17.2

Ershov, V., & Ershova, E. (2021). Nature and classification of special principles of national labour law. Vestnik of Saint Petersburg University. Law. https://doi.org/10.21638/SPBU14.2021.108

Fernández-Torres, Y., Díaz-Casero, J. C., & Ramajo-Hernández, J. (2017). Instituciones y crecimiento económico: ¿consenso en la literatura? Investigaciones Regionales - Journal of Regional Research (37), 155-187.

Galvin, D. (2019). From Labor Law to Employment Law: The Changing Politics of Workers' Rights. Studies in American Political Development, 33, 50-86. https://doi.org/10.1017/S0898588X19000038

Gámez Jiménez, J. M. (2020). El derecho del trabajo como paradigma de la desconexión jurídica entre normas sustantivas y procesales. Revista General de Derecho del Trabajo y de la Seguridad Social, (56). Recuperado de https://www.iustel.com/v2/revistas/detalle_revista.asp?id_noticia=422791&d=1

Herrera Fragoso, A. A. (2021). De los principios éticos a los bioéticos y biojurídicos. Medicina Y Ética, 23(3), 349-367. Recuperado de https://revistas.anahuac.mx/index.php/bioetica/article/view/694

Jaramillo, D.M., Vaca, E., & Rojas, N. (2020). La bioética y su importancia reguladora dentro de los ordenamientos jurídicos actuales.

Losano, M. G. (2014). Un análisis de los derechos humanos en el contexto biográfico de Norberto Bobbio. Derechos y Libertades: Revista de Filosofía del Derecho y Derechos Humanos, 30, 17-42. Universidad Carlos III de Madrid. Instituto de Derechos Humanos Bartolomé de las Casas; Dykinson. https://hdl.handle.net/10016/22160

Marzán, C., & Contreras, S. (2019). Principled Labor Law. https://doi.org/10.1093/oso/9780190052669.001.0001

Oropeza Cortés, M. G., Urciaga García, J., & Ponce Díaz, G. (2015). Importancia económica y social de los servicios de los ecosistemas. Revista Global de Negocios, 3(2), 103-113.

Popov, D. (2021). Biopolitical turn in the Law: from the legal and institutional model to the biolaw. Russian Journal of Deviant Behavior. https://doi.org/10.35750/2713-0622-2021-2-203-214

Rakhimov, M. (2024). The Principles of the Classical Theory of Labor Law. International Journal of Law and Policy. https://doi.org/10.59022/ijlp.157

Ramos-Vergara, P., & Arenas-Massa, A. (2015). Algunas conceptualizaciones acerca de la dignidad del anciano en Bioderecho. Pers. Bioét., 19(1), 25-35.

Raya-Diez, E., Caparrós-Civera, N., & Carbonero-Muñoz, D. (2018). Derechos humanos y Trabajo Social: vinculaciones conceptuales y prácticas. Trabajo Social Global-Global Social Work, 8, 57-96. https://doi.org/10.30827/tsg-gsw.v8i0.6509

Rivas García, F. (2017). Enfermedad terminal: una perspectiva desde el bioderecho. Revista Iberoamericana De Bioética, (5), 1-13.

Romeo Casabona, C. M. (2017). El Bioderecho y la Bioética, un largo camino en común. Revista Iberoamericana De Bioética, (3), 1-16.

Sánchez Enrique, D. V. (2013). Trabajadores temporarios agrícolas, derechos humanos y conflicto social. Estudios de caso en la provincia de La Rioja. Universidad Nacional de La Rioja. https://ri.conicet.gov.ar/handle/11336/28224

Sedova, N. (2013). The Basic Principles of Labor Law. Law & Society: Private Law eJournal. https://doi.org/10.2139/SSRN.2282397

Zárate Cuello, A. de J. (2018). Diálogo Bioético y del Bioderecho en torno a la conformación y naturaleza biojurídica de la familia homoparental en Colombia. Investigación & Desarrollo, 26(1), 29-54.

Capítulo 3: Fundamentos de la Teoría Bio-Laboral y el Trabajo Decente

Introducción

El derecho laboral contemporáneo experimenta una transformación constante impulsada por la automatización, la biotecnología y la inteligencia artificial. Estos cambios han redefinido las dinámicas del empleo y han generado la necesidad de repensar las estructuras normativas que regulan el trabajo, con el objetivo de garantizar condiciones laborales dignas, equitativas y seguras. En este escenario, la Teoría Bio-Laboral surge como un enfoque que articula los principios de la principialística jurídica y el bioderecho en la regulación del trabajo decente, permitiendo un equilibrio entre el desarrollo tecnológico y la protección de los derechos fundamentales de los trabajadores. Su importancia radica en su capacidad para ofrecer un marco regulador que responda a los desafíos actuales del derecho laboral sin comprometer la justicia social ni la estabilidad en el empleo.

La intersección entre la bioética y el derecho del trabajo ha cobrado relevancia en la literatura académica, evidenciando la necesidad de aplicar principios éticos en la regulación de las relaciones laborales. Aunque históricamente la bioética ha tenido una incidencia predominante en el ámbito médico, su aplicación en el entorno laboral ha sido reconocida como un instrumento esencial para garantizar la dignidad humana en el trabajo. En este sentido, la bioética laboral plantea que principios como la autonomía, la beneficencia, la no maleficencia y la justicia deben incorporarse en la formulación de normativas que regulen las relaciones de trabajo en la era digital y biotecnológica. La creciente implementación de innovaciones tecnológicas, tales como la manipulación genética y las neurotecnologías aplicadas al rendimiento laboral, ha generado un debate en torno a la necesidad de establecer límites normativos que protejan la integridad de los trabajadores frente a potenciales vulneraciones de sus derechos fundamentales.

El concepto de trabajo decente, promovido por la Organización Internacional del Trabajo, constituye un pilar fundamental en la formulación de políticas laborales dirigidas a garantizar la estabilidad, la equidad y la seguridad en el empleo. Sin embargo, su implementación efectiva enfrenta múltiples desafíos en un contexto donde la automatización y la inteligencia artificial han comenzado a sustituir tareas humanas, generando incertidumbre en torno a la estabilidad laboral y la protección de los derechos adquiridos. En este escenario, la incorporación del bioderecho en la regulación del trabajo se vuelve esencial para prevenir la discriminación genética, regular la bioseguridad en los entornos laborales y garantizar que los avances biotecnológicos sean utilizados de manera ética y equitativa. Asimismo, la principialística jurídica permite una interpretación dinámica del derecho del trabajo, asegurando que los principios fundamentales de dignidad humana, igualdad y estabilidad laboral sean resguardados ante los cambios estructurales del mercado de trabajo.

El estudio de la Teoría Bio-Laboral se desarrolla a partir de cinco dimensiones fundamentales que permiten articular un marco regulatorio integral. La primera dimensión, la principialística jurídica, establece los principios fundamentales que orientan la regulación del trabajo en un contexto de transformación tecnológica. La segunda dimensión, el derecho del trabajo, aborda la protección de los trabajadores ante los desafíos derivados de la automatización y la biotecnología, garantizando la estabilidad laboral y la seguridad jurídica. La tercera dimensión, el bioderecho, se enfoca en la regulación de los impactos bioéticos y tecnológicos en el ámbito laboral, previniendo la discriminación genética y regulando la bioseguridad en el entorno de trabajo. La cuarta dimensión, el trabajo decente, se sustenta en los principios promovidos por la OIT y busca asegurar condiciones laborales equitativas y dignas en la era digital y biotecnológica. Finalmente, la quinta dimensión, la bioética del trabajo, introduce una perspectiva ética en la administración del talento humano, garantizando el bienestar físico y mental del trabajador y previniendo riesgos psicosociales derivados de la tecnificación del empleo.

El impacto de la biotecnología y la inteligencia artificial en el empleo exige la formulación de mecanismos regulatorios que mitiguen los riesgos asociados a la automatización y garanticen condiciones laborales justas y seguras. Si bien estos avances han mejorado la productividad y la eficiencia en diversos sectores, también han generado nuevas formas de precarización laboral y desigualdad. La Teoría Bio-Laboral busca establecer un marco regulador que asegure la estabilidad en el empleo, la equidad en el acceso a oportunidades laborales y la protección de los derechos fundamentales de los trabajadores en un entorno de innovación tecnológica constante. La intersección entre la principialística jurídica y el bioderecho permite construir un paradigma normativo flexible y progresista, capaz de responder a los desafíos emergentes del mundo laboral sin comprometer los principios de justicia social y dignidad humana.

El análisis desarrollado a lo largo de este estudio permite concluir que la regulación del trabajo en la era de la biotecnología y la inteligencia artificial requiere un enfoque integral que garantice la protección de los derechos laborales sin frenar la innovación tecnológica. La Teoría Bio-Laboral se configura como una propuesta normativa que articula los principios de la principialística jurídica, el bioderecho, el derecho del trabajo, el trabajo decente y la bioética del trabajo, proporcionando un marco regulador que responde a los desafíos del mundo laboral contemporáneo. Su implementación permite mitigar los efectos adversos de la automatización, prevenir la discriminación genética, regular la bioseguridad en los entornos de trabajo y garantizar que las transformaciones tecnológicas no conduzcan a la precarización del empleo. Además, se destaca la importancia de la bioética del trabajo como un elemento esencial para preservar la dignidad del trabajador y promover la equidad en la distribución de los beneficios derivados de la innovación tecnológica. De este modo, se reafirma la necesidad de desarrollar regulaciones flexibles y progresistas que permitan la adaptación del derecho laboral a las nuevas realidades del mercado de trabajo sin comprometer la estabilidad ni la justicia social.

Antecedentes para una Teoría Bio-Laboral: la bioética laboral

La intersección entre la bioética y el derecho laboral ha emergido en la literatura académica reciente como un campo en desarrollo, el cual busca integrar principios bioéticos en las relaciones de trabajo. Tradicionalmente, el bioderecho ha sido conceptualizado como el conjunto de normas jurídicas que regulan las interacciones de la vida con el derecho (Casabona et al., 2020). Sin embargo, su aplicación al ámbito laboral no había sido sistematizada hasta hace poco. La bioética, en tanto disciplina, ha influido principalmente en el ámbito médico, pero su potencial regulador de las condiciones laborales y la protección de la dignidad de los trabajadores ha sido recientemente explorado por diversos estudios.

Los antecedentes de esta nueva aproximación encuentran sustento en trabajos como el de Gómez Marín (2003, 2015), quien ha delineado un marco conceptual en el que la bioética no solo debe considerarse en el campo de la salud, sino también en el mundo del trabajo. Su obra examina la integración de la bioética con el trabajo desde diversas perspectivas, incluyendo el impacto ambiental, la justicia social y la calidad de vida laboral. La premisa fundamental es que el trabajo no es solo un medio de producción económica, sino un espacio donde se deben garantizar condiciones dignas y saludables para los trabajadores.

En este contexto, la bioética laboral ha comenzado a ganar reconocimiento como un campo autónomo dentro del derecho laboral. Rivabem (2017) plantea que el bioderecho ha evolucionado hacia una disciplina independiente, lo cual sienta un precedente para el reconocimiento de una bioética laboral con identidad propia. En la misma línea, Marín Moral (2024) destaca la aplicabilidad de los principios bioéticos en las relaciones laborales, especialmente en un contexto de transformaciones tecnológicas y organizacionales que pueden afectar la dignidad y el bienestar del trabajador. Marín Moral subraya la importancia de aplicar los principios de autonomía, beneficencia, no maleficencia y justicia al ámbito laboral, con el fin de armonizar los intereses empresariales con la protección de la integridad humana.

Desde una perspectiva más estructural, la tesis doctoral de Sánchez Lárraga (2025) argumenta que la bioética laboral debe consolidarse como una disciplina jurídica independiente. Su investigación identifica riesgos psicosociales como el acoso laboral, el burnout y la discriminación como factores que vulneran la integridad biopsicosocial del trabajador, proponiendo un marco teórico que sitúa la dignidad humana en el centro de la regulación laboral. La propuesta de Sánchez Lárraga establece que la bioética laboral no solo debe ser reconocida como un campo de estudio, sino que también debe incorporarse en la legislación y en las prácticas empresariales.

El desarrollo de una teoría bio-laboral responde a la necesidad de articular de manera coherente los principios bioéticos dentro del derecho del trabajo. Hasta ahora, la protección de la salud y la seguridad laboral han sido tratadas de manera fragmentaria en diferentes normativas y convenios internacionales, sin un marco unificador que las sistematice bajo un enfoque biocéntrico. En este sentido, la bioética laboral proporciona una base sólida para la toma de decisiones en materia de regulación del trabajo, garantizando la protección de la vida y la dignidad del trabajador.

Dado este panorama, se puede concluir que la teoría bio-laboral es una construcción doctrinal emergente que busca integrar la bioética en las relaciones laborales. Su fundamentación se apoya en la evolución del bioderecho, en la bioética aplicada y en la creciente preocupación por los derechos humanos laborales. La viabilidad de esta teoría radica en su capacidad para llenar vacíos jurídicos y éticos en la regulación del trabajo, proporcionando un marco que prioriza la protección de la dignidad y la salud del trabajador. A medida que la academia y las instituciones laborales continúen explorando y desarrollando esta aproximación, se podría consolidar como un paradigma fundamental dentro del derecho laboral contemporáneo.

La Principialística como Base de la Regulación del Trabajo Decente

El derecho laboral contemporáneo enfrenta el desafío de garantizar condiciones laborales justas y equitativas en un contexto de cambios económicos y sociales. La principialística jurídica se ha consolidado como un método esencial para la interpretación y aplicación del derecho del trabajo, especialmente en lo que concierne a la regulación del trabajo decente. La Organización Internacional del Trabajo (OIT) ha definido el trabajo decente como aquel que asegura empleo productivo en condiciones de libertad, equidad, seguridad y dignidad humana (Rahmani, 2021). Este

concepto se sustenta en cuatro pilares fundamentales: generación de empleo, protección social, derechos laborales y diálogo social. La aplicación de la principialística jurídica en este ámbito permite una regulación flexible y garantista, orientada a la equidad y la justicia social. En este análisis se examinará el papel de la principialística en la regulación del trabajo decente, su relación con los principios jurídicos fundamentales y su aplicabilidad en el derecho laboral.

La principialística jurídica se basa en la aplicación de principios generales del derecho como fuente normativamente vinculante, permitiendo una interpretación dinámica y progresiva de las normas laborales. Entre los principios esenciales en la regulación del trabajo decente destacan la dignidad humana, la igualdad y no discriminación, la estabilidad en el empleo, la justicia social y la progresividad (Duffy et al., 2017). La dignidad humana exige que las condiciones laborales respeten la integridad del trabajador, evitando formas de explotación. La igualdad y no discriminación garantizan el acceso equitativo al empleo sin distinción de género, etnia o religión. La estabilidad laboral es crucial para la seguridad económica y social de los trabajadores, mientras que la justicia social exige una remuneración justa y condiciones de trabajo equitativas. Finalmente, el principio de progresividad establece que la regulación del trabajo debe evolucionar hacia la mejora continua de los derechos laborales.

La aplicación de la principialística jurídica en la regulación del trabajo decente se manifiesta en la interpretación de normas laborales y en la formulación de políticas públicas. En el derecho comparado, la jurisprudencia constitucional ha reconocido el valor de los principios jurídicos como base para la protección de los derechos fundamentales de los trabajadores. La OIT ha promovido la incorporación de tratados internacionales a los ordenamientos nacionales mediante interpretaciones basadas en principios (Lares, 2017). De igual forma, la Estrategia Iberoamericana de Seguridad y Salud en el Trabajo (EISST) ha sido clave para el desarrollo de políticas públicas enfocadas en la protección de los trabajadores y la promoción del diálogo social (Suárez, Ávalos & Estrada, 2017).

Desde una perspectiva económica y social, el trabajo decente es fundamental para el desarrollo sostenible y la reducción de la desigualdad. En el contexto latinoamericano, la aplicación de la principialística jurídica en el derecho laboral ha evidenciado la importancia de establecer condiciones laborales justas y equitativas, alineadas con los principios democráticos del derecho (Ahumada & Eduardo, 2017). Además, la educación en derechos humanos desempeña un papel esencial en la consolidación de un paradigma laboral basado en valores éticos y principios fundamentales, lo que refuerza la aplicación de la principialística jurídica en la regulación del trabajo decente (Ortiz, 2017).

La necesidad de adaptar los marcos normativos nacionales al paradigma del trabajo decente ha sido objeto de análisis en diversos estudios. En España, por ejemplo, se han identificado deficiencias en la Ley 27/1999 sobre sociedades cooperativas de trabajo asociado, lo que ha impulsado propuestas de reforma orientadas a garantizar el cumplimiento de los principios del trabajo decente (Gutiérrez Colominas, 2021). Asimismo, la relación entre los pilares del trabajo decente y la sostenibilidad social ha sido abordada en la literatura académica, destacando la necesidad de garantizar condiciones laborales justas como parte del bienestar social (Rasak, Shaharudin & Hamid, 2023). Desde una perspectiva psicológica y organizacional, se ha analizado la conexión entre la satisfacción de necesidades básicas y la calidad del trabajo, lo que enfatiza la importancia de la seguridad laboral, el acceso a la salud y la conciliación entre la vida laboral y personal (Blustein, Lysova & Duffy, 2022).

Por lo tanto, la principialística jurídica se configura como un enfoque indispensable para la regulación del trabajo decente, al proporcionar una base interpretativa flexible y garantista para la aplicación de normas laborales. Su operatividad se materializa en la aplicación de principios fundamentales a la interpretación normativa, en la formulación de políticas laborales y en la protección de los derechos fundamentales de los trabajadores. A través de su conexión con los pilares del trabajo decente, la principialística jurídica permite el desarrollo de un marco regulatorio más equitativo, capaz de responder a los desafíos del mundo laboral contemporáneo y alineado con los objetivos de desarrollo sostenible.

El Bioderecho y su Papel en la Protección del Trabajo Decente

El bioderecho ha emergido como un campo normativo que regula el impacto de los avances biotecnológicos y bioéticos en la sociedad, con un énfasis en la protección de la dignidad humana y los derechos fundamentales. La creciente sofisticación de la biotecnología ha generado desafíos jurídicos que requieren regulaciones específicas para evitar la vulneración de principios fundamentales. En el ámbito laboral, estos avances plantean cuestiones relacionadas con la seguridad, la salud y la equidad en el acceso a oportunidades de empleo. La Organización Internacional del Trabajo (OIT) ha promovido el concepto de trabajo decente, que se basa en garantizar empleo en condiciones de libertad, equidad, seguridad y respeto por la dignidad humana. En este contexto, el bioderecho desempeña un papel crucial en la protección del trabajo decente al abordar la regulación de la seguridad en el entorno laboral, el impacto de la biotecnología en el empleo, la equidad en el acceso a las innovaciones científicas y los mecanismos para prevenir discriminaciones derivadas de factores biológicos.

La regulación biojurídica se fundamenta en la necesidad de mantener el principio de certeza en el derecho, un desafío que se intensifica debido a la rápida evolución de las ciencias de la vida (Casonato, 2019). La incertidumbre inherente a la biotecnología genera dificultades para establecer marcos jurídicos que equilibren la innovación con la igualdad y la no discriminación. Uno de los aspectos clave es la prohibición de la selección genética en los procesos de contratación, asegurando que los avances científicos no sean utilizados para excluir a individuos con predisposición genética a ciertas condiciones médicas o características biológicas específicas (Santosuosso, 2019). La integración del bioderecho en la normativa laboral busca evitar el uso indebido de la información genética en decisiones de contratación y promoción, garantizando la equidad en el acceso al empleo.

El impacto de la biotecnología en el empleo es otro ámbito de preocupación. La automatización, la ingeniería genética y el uso de organismos modificados han reconfigurado el mercado laboral, reduciendo la necesidad de ciertos tipos de empleo mientras crean nuevas oportunidades en sectores especializados. Sin embargo, la redistribución del empleo no siempre es equitativa, lo que requiere de regulaciones que mitiguen los efectos negativos de la biotecnología en la estabilidad laboral (Torrance, 2010). En la biomedicina y la ingeniería genética, el bioderecho establece límites éticos y jurídicos que impiden la experimentación con trabajadores o la imposición de modificaciones biotecnológicas para mejorar el desempeño laboral sin considerar el consentimiento informado y la autonomía de los individuos (Rengifo Castañeda, Vélez Medina y Cañaveral Londoño, 2014).

La seguridad y la salud en el entorno laboral también son aspectos centrales de la regulación biojurídica. El bioderecho interviene en la normativa sobre el uso de neurotecnologías y otras innovaciones que puedan influir en la capacidad cognitiva o física de los trabajadores. Se establecen lineamientos sobre la bioseguridad en la manipulación de sustancias biotecnológicas, asegurando que los procedimientos sean seguros y cumplan con estándares internacionales de protección a los trabajadores (Bryukhina & Tretyakova, 2023). De igual forma, el bioderecho regula la introducción de modificaciones genéticas en el ámbito laboral, evitando que las mejoras biotecnológicas se conviertan en requisitos para la permanencia o acceso a determinados puestos de trabajo.

Otro aspecto relevante es la equidad en el acceso a la biotecnología. La justicia social en la distribución de los beneficios derivados de los avances científicos es una prioridad del bioderecho, evitando que estos progresos sean exclusivos de ciertos sectores económicos o de países con mayor capacidad de inversión en innovación. Rivabem (2017) destaca que el bioderecho busca garantizar que las mejoras tecnológicas sean accesibles para todos los trabajadores, promoviendo condiciones equitativas en el uso de herramientas biotecnológicas para la mejora del desempeño laboral sin generar desigualdades en el mercado de trabajo.

El bioderecho se configura, por tanto, como una disciplina que busca articular los avances biotecnológicos con la protección de los derechos laborales. Rueda (2019) sostiene que la regulación en este ámbito debe contemplar la flexibilidad necesaria para adaptarse a la constante evolución científica sin comprometer la estabilidad jurídica. En este sentido, el bioderecho no solo establece límites a la manipulación biotecnológica en el trabajo, sino que también crea mecanismos para garantizar la justicia social en el acceso a estas tecnologías.

Así las cosas, el bioderecho es una disciplina que articula los avances científicos con la protección de los derechos fundamentales en el ámbito laboral. Su desarrollo se justifica en la necesidad de mitigar los riesgos de la biotecnología en el empleo, regulando aspectos como la seguridad en el trabajo, la no discriminación genética, la equidad en el acceso a innovaciones tecnológicas y la delimitación ética de los usos de la biotecnología en el entorno laboral. La propuesta del bioderecho para proteger el trabajo decente se basa en la formulación de normas jurídicas que regulen el uso de la biotecnología en el trabajo, garantizando que las mejoras científicas no se conviertan en factores de exclusión ni en elementos que impongan condiciones discriminatorias. Además, promueve un enfoque preventivo, estableciendo marcos normativos que aseguren la bioseguridad y la protección de la dignidad humana en el desarrollo laboral. La regulación biojurídica, por tanto, no solo responde a los desafíos actuales de la biotecnología en el empleo, sino que proyecta soluciones para garantizar el respeto a los derechos laborales en el futuro.

Propuesta de Regulación de Teoría Bio-Laboral

La evolución tecnológica ha generado transformaciones sin precedentes en las relaciones laborales, exigiendo la adaptación del derecho del trabajo para garantizar la estabilidad, la protección y el bienestar de los trabajadores. En este contexto, la biotecnología y la inteligencia artificial han introducido nuevas dinámicas en el mercado laboral, desafiando las normativas tradicionales y planteando la necesidad de regulaciones innovadoras que equilibren el desarrollo tecnológico con la garantía del trabajo decente (Rahmani, 2021).

Desde la perspectiva del derecho y la bioética, los principios han servido históricamente como estructuras fundamentales para la organización del pensamiento y la acción humana. En el ámbito jurídico, la principialística ha evolucionado como una corriente que busca dotar de coherencia y justicia a los sistemas normativos, proporcionando un marco interpretativo esencial para la regulación del trabajo en la era biotecnológica. Los principios jurídicos no solo orientan la interpretación de normas, sino que también constituyen herramientas esenciales para la resolución de dilemas laborales que emergen con la automatización y el uso de la biotecnología en los entornos laborales (Aleshkova, 2021). En este sentido, la relación entre la principialística y el derecho del trabajo cobra especial relevancia al abordar el impacto de la tecnología en la configuración del empleo y en la protección de los derechos de los trabajadores.

La Teoría Bio-Laboral emerge como un enfoque regulatorio integral que articula la relación entre la biotecnología, el derecho del trabajo y el bioderecho. Esta teoría se estructura sobre cuatro dimensiones fundamentales: la principialística jurídica, el derecho del trabajo, el trabajo decente y el bioderecho (Bryukhina & Tretyakova, 2023). A partir de estos pilares, se desarrolla un marco normativo que abarca la protección frente a la automatización, la equidad en la distribución de los beneficios tecnológicos y la regulación de la inteligencia artificial y la biotecnología en el ámbito laboral.

El derecho del trabajo cumple un papel clave como mecanismo de protección en la relación laboral, garantizando la seguridad y estabilidad de los trabajadores ante los cambios tecnológicos. La introducción de principios jurídicos en la regulación laboral permite mitigar los efectos adversos de la automatización, promoviendo un equilibrio entre el desarrollo tecnológico y la protección de los derechos fundamentales de los trabajadores. En este contexto, la aplicación del principialismo en la bioética y la principialística en el derecho permiten establecer lineamientos normativos que aseguren condiciones laborales dignas en un entorno de transformación constante (García, 2013).

El bioderecho, por su parte, juega un rol fundamental en la regulación del impacto de la biotecnología en el empleo, asegurando la equidad y la no discriminación en el uso de innovaciones científicas dentro del entorno laboral. La relación entre el bioderecho y el derecho del trabajo se hace evidente en la necesidad de regular el uso de información genética en los procesos de contratación, protegiendo la privacidad y evitando la exclusión de trabajadores en función de su perfil biomédico (Raya-Diez, Caparrós-Civera & Carbonero-Muñoz, 2018). Además, el bioderecho contribuye a la formulación de normas que garanticen la seguridad y bioseguridad en el trabajo, regulando los riesgos asociados a la incorporación de nuevas tecnologías en los procesos productivos.

La automatización y la biotecnología han modificado la naturaleza del empleo, planteando interrogantes sobre la estabilidad laboral y la distribución de los beneficios del desarrollo tecnológico. En este contexto, el trabajo decente, promovido por la OIT, se convierte en un principio rector para la regulación del empleo en la era digital. La incorporación de la inteligencia artificial y la biotecnología en el ámbito laboral debe estar alineada con los principios de equidad, justicia distributiva y dignidad humana, asegurando que los trabajadores no sean reemplazados de manera arbitraria ni sometidos a condiciones de trabajo precarias (Lares, 2017).

Tabla 1. Dimensiones, Pilares y Aplicaciones de la Teoría Bio-Laboral

Dimensión	*Descripción*	*Pilares esenciales*	*Aplicación en el Ámbito Laboral*	*Aportes de la Teoría Bio-Laboral*
Principialística Jurídica	Aplicación de principios bioéticos y jurídicos como base normativa para la regulación del trabajo en la era biotecnológica.	Autonomía, Justicia, Beneficencia, No Maleficencia, Ética de la responsabilidad	Permite establecer un marco legal flexible y equitativo ante los cambios tecnológicos en el trabajo.	Proporciona un marco normativo basado en principios bioéticos y jurídicos para regular el impacto de la tecnología en el empleo. Integra valores éticos en la

				toma de decisiones laborales, promoviendo una regulación justa y humana. Se basa en el diálogo bioético para evitar que la tecnociencia deshumanice el trabajo (Gómez Marín, 2003; Marín Moral, 2024).
Derecho del Trabajo	Normas y principios que regulan la relación laboral y garantizan la estabilidad y derechos de los trabajadores en entornos tecnológicos.	Protección del trabajador, Seguridad jurídica, Estabilidad laboral, Dignidad humana en el empleo, Regulación de las relaciones laborales	Asegura la protección frente a la automatización y la regulación del impacto de la biotecnología en el empleo.	Garantiza que las transformaciones tecnológicas y biotecnológicas no vulneren los derechos laborales adquiridos ni la estabilidad del trabajador. Introduce principios bioéticos en la normatividad laboral para adaptar las regulaciones a la era digital y biotecnológica. Fomenta una ética laboral basada en la dignidad humana y el trabajo decente (Sánchez Lárraga, 2025).

Bioderecho	Regulación de los impactos éticos y jurídicos de la biotecnología en la vida humana y el empleo.	Regulación de avances tecnológicos, Derechos humanos y bioéticos, Prevención de abusos tecnológicos, Protección de la salud e integridad biopsicosocial	Evita la discriminación genética, protege la bioseguridad y regula el uso de innovaciones científicas en el entorno laboral.	Establece límites normativos en la aplicación de biotecnología e inteligencia artificial en el ámbito laboral, protegiendo la dignidad del trabajador. Aborda riesgos como la discriminación genética, el uso indebido de neurotecnologías y el impacto de la automatización en el bienestar del trabajador (Rivabem, 2017; Gómez Marín, 2015).
Trabajo Decente	Concepto promovido por la OIT que establece condiciones laborales justas, seguras y equitativas.	Empleo digno, Condiciones laborales justas, Protección social, Igualdad de oportunidades, Bienestar biopsicosocial	Facilita la adaptación de regulaciones laborales para garantizar la dignidad y equidad en el trabajo biotecnológico.	Garantiza que el trabajo siga siendo humano, seguro y equitativo en medio de la transformación digital y biotecnológica. Propone la educación bioética en el trabajo como estrategia para generar conciencia sobre la importancia de la calidad de vida laboral y el desarrollo integral del trabajador (OIT, Marín Moral, 2024).

Bioética del Trabajo	Enfoque ético aplicado al entorno laboral, considerando la dignidad humana y el bienestar integral del trabajador.	Ética aplicada al entorno laboral, Bienestar físico y mental del trabajador, Relación digna entre empleador y empleado, Prevención de riesgos psicosociales	Introduce la bioética como eje central en la administración del talento humano y la formulación de políticas laborales.	Plantea que el trabajo debe ser saludable tanto física como mentalmente, evitando condiciones que degraden la dignidad humana. Desarrolla una ética de la responsabilidad en el empleo para construir entornos laborales justos y sustentables (Gómez Marín, 2003; Sánchez Lárraga, 2025).

Fuente: Elaboración propia con base en Aleshkova (2021), García (2013), Bryukhina & Tretyakova (2023), Raya-Diez, Caparrós-Civera & Carbonero-Muñoz (2018), Lares (2017), Gómez Marín (2003, 2015), Rivabem (2017), Marín Moral (2024), Sánchez Lárraga (2025).

La tabla anterior sintetiza las cinco dimensiones fundamentales sobre las que se sustenta la Teoría Bio-Laboral y su integración en la regulación del empleo en la era de la biotecnología y la inteligencia artificial. Cada dimensión—Principialística Jurídica, Derecho del Trabajo, Bioderecho, Trabajo Decente y Bioética del Trabajo—aporta un enfoque específico para la construcción de un marco normativo que garantice la dignidad, equidad, seguridad y bienestar biopsicosocial de los trabajadores, asegurando una adaptación ética y justa a los desafíos del cambio tecnológico.

La intersección entre el principialismo y la principialística en el derecho del trabajo y el bioderecho permite construir un modelo normativo que garantice la protección de los derechos laborales en un entorno de innovación constante. La regulación de la biotecnología en el empleo requiere una aproximación que contemple tanto los principios bioéticos como los fundamentos del derecho laboral, estableciendo mecanismos que eviten la explotación y promuevan condiciones de trabajo equitativas. En este sentido, la Teoría Bio-Laboral proporciona un marco integral para la regulación del trabajo en la era biotecnológica, asegurando que el progreso científico no comprometa la equidad ni la dignidad de los trabajadores (Popov, 2021).

La implementación de esta teoría enfrenta diversos desafíos, entre los que se incluyen la resistencia del sector empresarial a la adopción de regulaciones que limiten el uso de tecnologías automatizadas, la velocidad del cambio tecnológico y la necesidad de cooperación internacional para garantizar la protección de los trabajadores en distintos contextos jurídicos. No obstante, su desarrollo es esencial para la construcción de un marco regulatorio que garantice la estabilidad y el bienestar de los trabajadores en un mundo cada vez más influenciado por la biotecnología y la inteligencia artificial (Rueda, 2019).

En conclusión, la Teoría Bio-Laboral busca integrar la bioética, el derecho del trabajo y los principios del trabajo decente para regular el impacto de la biotecnología y la inteligencia artificial en el empleo. Su propósito es asegurar que el desarrollo tecnológico no afecte los derechos de los trabajadores ni genere desigualdades en el acceso a los beneficios de la automatización. A través de la incorporación de principios jurídicos y éticos, esta teoría propone un modelo regulatorio que garantice condiciones equitativas y seguras para los trabajadores en la era biotecnológica.

Conclusiones

La regulación del trabajo en la era de la biotecnología y la inteligencia artificial exige un enfoque multidimensional que garantice la protección de los trabajadores ante los desafíos emergentes. En este contexto, la Teoría Bio-Laboral se erige como una propuesta normativa integral que busca articular la principialística jurídica, el derecho del trabajo, el bioderecho, el trabajo decente y la bioética del trabajo. Cada una de estas dimensiones contribuye de manera esencial a la construcción de un marco regulatorio que no solo proteja los derechos laborales adquiridos, sino que también adapte la normativa a la evolución tecnológica sin comprometer la dignidad humana ni la justicia social.

En primer lugar, la principialística jurídica se configura como la base interpretativa y normativa para abordar los cambios que la biotecnología y la automatización imponen en el ámbito laboral. Su enfoque se sustenta en los principios de autonomía, justicia, beneficencia, no maleficencia y ética de la responsabilidad, permitiendo que la regulación del trabajo sea flexible y equitativa.

En la aplicación laboral, la principialística jurídica facilita la adaptación normativa a los cambios tecnológicos sin perder de vista la dignidad del trabajador. Al promover un marco legal que se base en principios bioéticos, se evita que la tecnociencia deshumanice el trabajo, asegurando que las innovaciones sean utilizadas para mejorar las condiciones laborales y no para justificar la precarización del empleo. Además, permite la resolución de conflictos laborales derivados del uso de nuevas tecnologías, garantizando la protección de los derechos fundamentales de los trabajadores.

En lo que respecta a la protección de la Relación Laboral Frente a la Automatización, el derecho del trabajo es el mecanismo esencial de protección de la relación laboral, asegurando la seguridad jurídica, la estabilidad laboral y la dignidad humana en el empleo. Su relevancia en la Teoría Bio-Laboral radica en su capacidad para regular la interacción entre el trabajador y la automatización, garantizando que los avances tecnológicos no se traduzcan en una vulneración de derechos adquiridos.

Desde esta perspectiva, el derecho del trabajo debe incorporar principios bioéticos para equilibrar el desarrollo tecnológico con la seguridad del trabajador. La implementación de normas que regulen el impacto de la biotecnología en el empleo es crucial para evitar el desplazamiento arbitrario de la fuerza laboral, así como para garantizar que las empresas adopten medidas de protección social adecuadas. Asimismo, la regulación debe enfocarse en fomentar un entorno de trabajo donde la automatización se utilice para mejorar la eficiencia sin comprometer la estabilidad y la seguridad del trabajador.

En ese marco, el bioderecho se consolida como una disciplina clave dentro de la Teoría Bio-Laboral, ya que su objetivo es regular los efectos éticos y jurídicos de la biotecnología en la vida humana y, específicamente, en el empleo. Sus pilares esenciales incluyen la regulación de avances tecnológicos, la protección de los derechos humanos y bioéticos, la prevención de abusos tecnológicos y la protección de la salud e integridad biopsicosocial.

En el ámbito laboral, el bioderecho interviene en la regulación de la discriminación genética, la seguridad laboral y el uso de neurotecnologías. La creciente sofisticación de la biotecnología ha generado riesgos como la manipulación genética con fines de selección laboral, el uso indebido de información biomédica en la contratación y la experimentación biotecnológica en entornos de trabajo sin el debido consentimiento informado. La aplicación del bioderecho en el mercado laboral permite establecer límites normativos que aseguren la protección del trabajador ante estos riesgos, evitando la explotación y garantizando la bioseguridad en el entorno laboral.

Ahora bien, se reconoce el Trabajo Decente como Pilar Fundamental de la Regulación Laboral en la Era Digital. El trabajo decente, promovido por la Organización Internacional del Trabajo (OIT), se erige como un pilar central en la regulación del empleo en la era biotecnológica. Su propósito es garantizar condiciones de empleo dignas, equitativas y seguras, alineadas con los principios de equidad, justicia social y bienestar biopsicosocial.

La Teoría Bio-Laboral adopta el trabajo decente como un eje estructural, asegurando que los avances tecnológicos no sean utilizados como herramientas de exclusión o explotación laboral. La automatización y la biotecnología deben ser reguladas para evitar que se conviertan en mecanismos de precarización del empleo. En este sentido, la teoría propone la educación bioética en el trabajo, promoviendo una cultura organizacional basada en el respeto por la dignidad humana y en la equidad en la distribución de los beneficios tecnológicos.

Además, la regulación del trabajo decente en este contexto debe garantizar que las condiciones laborales evolucionen hacia una mayor protección social, estabilidad laboral y calidad de vida del trabajador, incorporando estrategias que fomenten la inclusión, la seguridad y la igualdad de oportunidades.

Ahora bien, la bioética del trabajo introduce una perspectiva ética en la administración del talento humano y en la formulación de políticas laborales, asegurando que el entorno laboral respete la integridad física y mental del trabajador. Se fundamenta en la ética aplicada al entorno laboral, el bienestar físico y mental del trabajador, la relación digna entre empleador y empleado y la prevención de riesgos psicosociales.

Este enfoque resulta necesario en la Teoría Bio-Laboral, ya que proporciona directrices para evitar la degradación de la dignidad humana en el trabajo. La bioética del trabajo enfatiza la necesidad de establecer condiciones laborales saludables, reduciendo el estrés laboral, el burnout y el impacto psicológico de la automatización. Además, fomenta una ética de la responsabilidad en la toma de decisiones empresariales, promoviendo un equilibrio entre el bienestar del trabajador y la eficiencia organizacional.

Por lo anterior, la Teoría Bio-Laboral se configura como una respuesta normativa integral a los desafíos que plantea la biotecnología y la inteligencia artificial en el ámbito laboral. Su enfoque multidimensional, sustentado en la principialística jurídica, el derecho del trabajo, el bioderecho, el trabajo decente y la bioética del trabajo, permite articular una regulación laboral que equilibre el desarrollo tecnológico con la protección de los derechos fundamentales de los trabajadores.

A través de la aplicación de estos principios, se establece un marco regulatorio que no solo protege la relación laboral frente a la automatización, sino que también promueve un entorno de trabajo donde la equidad, la dignidad y la seguridad sean garantizadas. La Teoría Bio-Laboral propone una regulación que:

a) Integra la bioética y la principialística jurídica para evitar la deshumanización del trabajo en la era tecnológica.
b) Asegura la estabilidad laboral y la protección del trabajador en entornos digitalizados.
c) Regula la biotecnología para evitar la discriminación genética y garantizar la bioseguridad.
d) Promueve el trabajo decente como base de la regulación laboral en la era digital.
e) Incorpora la bioética del trabajo para garantizar la salud física y mental de los trabajadores.

Dado el impacto creciente de la biotecnología en el mercado laboral, la implementación de esta teoría enfrenta el desafío de armonizar la innovación con la justicia social. Para lograrlo, se requiere una cooperación entre los sectores gubernamental, empresarial y académico, asegurando que el progreso científico no comprometa la equidad ni la seguridad en el empleo. En este sentido, la Teoría Bio-Laboral representa una herramienta clave para la construcción de un futuro laboral más justo, humano y sostenible en la era biotecnológica.

Referencias Bibliográficas

Ahumada, L., & Eduardo, J. (2017). Trabajo decente y globalización en Latinoamérica: una alternativa a la desigualdad laboral y social. https://dialnet.unirioja.es/revista/15474/A/2017.

Aleshkova, I. A. (2021). The concept of "principle" as an element of law. *Linguistics and Culture Review, 5*(S3), 1586-1596. https://doi.org/10.21744/lingcure.v5nS3.1829

Blustein, D., Lysova, E., & Duffy, R. (2022). Understanding Decent Work and Meaningful Work. Annual Review of Organizational Psychology and Organizational Behavior. https://doi.org/10.1146/annurev-orgpsych-031921-024847.

Bryukhina, E., & Tretyakova, E. (2023). Theoretical and legal substantiation of bioethics and biolaw in their interrelation and interaction. Вестник Пермского университета. Юридические науки, (62), 568–589. https://doi.org/10.17072/1995-4190-2023-62-568-589

Casabona, C. et al. (2020). Enciclopedia de Bioderecho y Bioética. Ed. Cátedra Derecho y Genoma Humano.

Casonato, C. (2019). The Essential Features of 21st Century Biolaw. In: Valdés, E., Lecaros, J. (eds) Biolaw and Policy in the Twenty-First Century. International Library of Ethics, Law, and the New Medicine, vol 78. Springer, Cham. https://doi.org/10.1007/978-3-030-05903-3_6

Duffy, R., Allan, B., England, J., Blustein, D., Autin, K., Douglass, R., Ferreira, J., & Santos, E. (2017). The Development and Initial Validation of the Decent Work Scale. Journal of Counseling Psychology, 64, 206–221. https://doi.org/10.1037/cou0000191.

Ferraro, T., Santos, N.R., Pais, L., & Moreira, J.M. (2017). Decent Work and Work Motivation in Lawyers: An empirical research. https://pepsic.bvsalud.org/pdf/rpot/v17n4/v17n4a03.pdf

García, J. J. (2013). *Bioética personalista y bioética principialista*. Cuad Bioet, 24(80), 67-76.

Gómez Marín, G. I. (2003). Bioética del trabajo. Compucopiamos Ltda. https://bioeticadeltrabajo.org/bioeticalaboral/content/LibroPrimeraEdicionF.pdf

Gómez Marín, G. I. (2015). Bioética y trabajo: Taller de bioética: Constitucional, pedagogía del trabajo, legislación laboral individual y colectiva, reconversión del talento humano, seguridad social - Sistema general de riesgos laborales, sociología del trabajo, mercado de trabajo, bioética, responsabilidad social empresarial, filosofía del derecho y hermenéutica jurídica. Instituto de Bioética, Pontificia Universidad Javeriana. https://bioeticadeltrabajo.org/bioeticalaboral/content/libro_bioetica_trabajo.pdf

Gutiérrez Colominas, D. (2021). Trabajo decente y sociedades cooperativas de trabajo asociado: Propuestas de implementación en la Ley 27/1999. REVESCO. Revista de Estudios Cooperativos, 139, e77442. https://doi.org/10.5209/reve.77442.

Lares, F.L. (2017). La eficacia jurídica del concepto de trabajo decente. https://ejcls.adapt.it/index.php/rlde_adapt/article/view/428.

Marín Moral, I. (2024). ¿Es posible aplicar los principios de la bioética en las relaciones laborales? Revista Crítica de Relaciones de Trabajo, Laborum, 10, 123-146. https://revista.laborum.es/index.php/revreltra/article/view/930

Ortiz, J.H. (2017). La enseñanza de los derechos humanos: valores y principios éticos en la formación docente. https://cuci.udg.mx/sites/default/files/la_enseanza_de_los_derechos_humanos-jaime_hernandez_ortiz.pdf.

Popov, D. (2021). Biopolitical turn in the Law: from the legal and institutional model to the biolaw. Russian Journal of Deviant Behavior. https://doi.org/10.35750/2713-0622-2021-2-203-214

Rahmani, Z. (2021). Conception and Pillars of Decent Work. https://doi.org/10.48300/JLR.2021.129426.

Rasak, N., Shaharudin, M., & Hamid, N. (2023). Decent Work and Social Sustainability: A conceptual model. Environment-Behaviour Proceedings Journal. https://doi.org/10.21834/e-bpj.v8isi16.5246.

Raya-Diez, E., Caparrós-Civera, N., & Carbonero-Muñoz, D. (2018). Derechos humanos y Trabajo Social: vinculaciones conceptuales y prácticas. Trabajo

Social Global-Global Social Work, 8, 57-96. https://doi.org/10.30827/tsg-gsw.v8i0.6509

Rengifo Castañeda, C. A., Vélez Medina, B., & Cañaveral Londoño, D. C. (2014). Ética y bioética: algunas de sus implicaciones en el entramado social. Producción + Limpia, 9(2), 118-125. http://www.scielo.org.co/scielo.php?script=sci_arttext&pid=S19090455201400 0200010

Rivabem, F. S. (2017). Biodireito: uma disciplina autônoma? Revista Bioética, 25(2), 282-289. https://doi.org/10.1590/1983-80422017252188

Rueda, E. A. (2019). Biolaw and Tensions of Constitutional Law in Latin America. In: Valdés, E., Lecaros, J. (eds) Biolaw and Policy in the Twenty-First Century. International Library of Ethics, Law, and the New Medicine, vol 78. Springer, Cham. https://doi.org/10.1007/978-3-030-05903-3_11

Sánchez Lárraga, F. (2025). El reconocimiento de la bioética laboral como disciplina autónoma garante de la dignidad e integridad en las relaciones de trabajo [Tesis doctoral, Universidad de Murcia]. Universidad de Murcia. https://digitum.um.es/digitum/bitstream/10201/150145/1/TESIS%20DOCTORADO%20BIODERECHO%20BIOETICA%20SALUD%20Y%20DERECHOS%20HUMANOS%20LABORAL%20FERNANDO%20SANCHEZ%20LARRAGA%20UMURCIA%20UASLP.pdf

Santosuosso, A. (2019). From Biolaw to Technological Innovation in Law. In: Valdés, E., Lecaros, J. (eds) Biolaw and Policy in the Twenty-First Century. International Library of Ethics, Law, and the New Medicine, vol 78. Springer, Cham. https://doi.org/10.1007/978-3-030-05903-3_9

Suárez, O.B., Ávalos, A.O., & Estrada, M.C. (2017). Estrategia Iberoamericana de Seguridad y Salud en el Trabajo: políticas públicas para un trabajo decente. Medicina y Seguridad del Trabajo, 63, 4-17. https://scielo.isciii.es/pdf/mesetra/v63n246/0465546Xmesetra6324600004.pdf.

Torrance, A. W. (2010). The Evolution and Development of Biolaw. Gruter Institute Squaw Valley Conference 2010: Law, Institutions & Human Behavior. https://ssrn.com/abstract=1608249

BIO-LABOR THEORY AND ITS ROLE IN THE PROTECTION OF DECENT WORK

Introduction

The concept of decent work has gained global relevance in the pursuit of ensuring fair and dignified working conditions. Since its introduction by the International Labour Organization (ILO) at the 1999 International Labour Conference, it has served as a fundamental pillar in the formulation of labor policies aimed at equity, security, and social justice. However, the increasing transformation of the labor market, driven by developments in biotechnology, artificial intelligence, and automation, has generated new challenges that require a review and adaptation of existing regulatory frameworks.

This study is situated within this context and aims to analyze the relationship between bioethics, law, and decent work from an integrative perspective, exploring the convergence between Biolaw and Labor Law. In particular, it examines Bio-Labor Theory as an emerging framework that seeks to articulate bioethics and labor law to ensure the protection of workers' rights in the digital and biotechnological era.

Throughout history, principles have constituted structural elements of legal and ethical thought, playing a central role in the interpretation of norms, the resolution of dilemmas, and the formulation of public policies. Two approaches have gained particular relevance in this regard: principlism, developed in bioethics based on the principles of autonomy, beneficence, non-maleficence, and justice, and principialism, which in law has evolved as an interpretative model that grants principles a structuring role in normative application. The study of principlism and principialism is fundamental to understanding how principles operate in regulating human conduct and in structuring regulatory frameworks that respond to social and technological changes.

Scientific and technological developments have radically transformed labor dynamics, introducing unprecedented opportunities and challenges. The automation of production processes, the use of genetic information in personnel selection, and the application of neurotechnologies in the workplace are phenomena that require an innovative legal framework that combines bioethical principles with the foundations of labor law. In this regard, the integration of Biolaw and Labor Law offers a normative perspective that addresses 21st-century challenges without compromising fundamental workers' rights.

This study is structured into three main sections. The first chapter examines principlism and principialism, establishing the theoretical foundations of normativity based on principles and its impact on bioethics and law. It analyzes the historical evolution of both approaches, their epistemological foundations, and the critiques they have received in the contemporary context.

The second chapter addresses the intersection between Biolaw and Labor Law, exploring how biotechnology regulation impacts the protection of labor rights. Issues such as the regulation of biomedical data use in hiring, employment automation, and the fundamental principles of decent work in relation to scientific and technological advances are examined.

The third chapter introduces Bio-Labor Theory as a normative model that integrates legal principialism, Biolaw, and the principles of decent work. It proposes a regulatory framework that ensures the protection of workers in the era of biotechnology, ensuring that scientific advances do not become tools of exclusion or precarization. Additionally, regulatory mechanisms are proposed to balance innovation with equity and job security.

The value of this study lies in its ability to provide a comprehensive regulatory framework that addresses the challenges of work in the context of biotechnology and artificial intelligence. Unlike traditional approaches that analyze bioethics and labor law separately, Bio-Labor Theory enables a holistic understanding of employment transformation in the digital and biotechnological era. Its main contribution consists of establishing regulatory principles that ensure human dignity, equity, and job stability, preventing technological advances from compromising fundamental workers' rights.

From a methodological perspective, this study is based on a qualitative approach supported by an extensive documentary review. A systematic review of specialized literature in bioethics, labor law, biolaw, and legal principles has been conducted, allowing the identification of the main theoretical approaches, debates, and challenges at the intersection of these disciplines. The collection of doctrinal background information helps to understand the current challenges in labor regulation in the biotechnological era and propose an innovative regulatory framework.

This study aims to offer a theoretical framework that addresses the challenges of work in the era of biotechnology and automation. The convergence between Biolaw and Labor Law presents new opportunities to strengthen labor rights protection, ensuring that scientific and technological advances are used equitably and ethically. Bio-Labor Theory emerges as a key tool for labor regulation in the 21st century, ensuring that innovation does not become a mechanism of exclusion but rather a factor of human development and social justice.

The regulatory proposal of Bio-Labor Theory, presented in this book, is developed based on five fundamental dimensions: legal principialism, labor law, biolaw, decent work, and work bioethics. These dimensions allow for the articulation of a comprehensive regulatory framework that responds to the challenges posed by biotechnology and artificial intelligence in the workplace. Through legal principialism, guiding principles are established to ensure equity, justice, and dignity in labor relations within a context of technological transformation. Labor law acts as a protective mechanism against employment automation and digitalization, ensuring job stability and legal security. Biolaw introduces specific regulations to prevent genetic discrimination, guarantee biosafety in work environments, and establish ethical limits on the application of neurotechnologies and other biomedical innovations in the workplace.

Meanwhile, the concept of decent work, promoted by the ILO, is incorporated as a central axis of labor regulation, ensuring fair and equitable working conditions even in highly digitalized environments. Finally, work bioethics introduces an ethical perspective in human talent management, promoting the biopsychosocial health of workers and regulating the psychosocial impact of automation.

In this way, Bio-Labor Theory seeks to balance technological advancement with the protection of workers' fundamental rights, proposing an innovative regulation that guarantees stability, equity, and dignity in the world of work.

Chapter 1: Principlism and Principlistics in Bioethics and Law

Introduction

Throughout history, principles have been conceived as fundamental structures of knowledge and normativity. From classical philosophy to contemporary epistemology, their function has been to provide rational foundations for organizing thought and human action. In the legal and bioethical fields, principles not only guide the interpretation of norms and decision-making but also enable the resolution of moral and legal dilemmas. Within this context, two approaches have gained relevance: principlism, which has been established in bioethics as a normative model based on four fundamental principles, and principlistics, which highlights the structuring role of principles in the interpretation and application of legal norms.

The study of these approaches is essential for understanding how principles operate in regulating human conduct, shaping public policies, and supporting legal argumentation. While principlism has been widely adopted in biomedical ethics as a reference framework for clinical decision-making, principlistics has evolved in law to provide coherence and justice to normative systems. Both approaches have been the subject of debate regarding their applicability, flexibility, and universality, fostering a rich academic discussion about their scope and limitations.

This chapter explores the nature and theoretical foundations of principlism and principlistics, emphasizing their differences and similarities. Their applications in bioethics and law will be examined, with a particular focus on how they have influenced the formulation of ethical and normative regulations. Additionally, the main criticisms of both approaches and contemporary perspectives on their development will be discussed.

The chapter is structured into three main sections. The first section analyzes principlism in bioethics, exploring its origins, theoretical foundations, and criticisms. The second section examines principlistics in law, addressing its evolution and impact on the interpretation and application of legal norms. Finally, the third section explores the intersection of these approaches in biojuridical contexts, highlighting how bioethical and legal principles can be integrated to address normative challenges in contemporary settings. Through this analysis, the chapter aims to provide the reader with a deep understanding of principles as normative axes in ethics and law, fostering critical reflection on their applicability in various scenarios.

Principles as Foundations of Knowledge and Normativity

The concept of principle has been a recurring object of study in philosophical and scientific traditions, serving as a foundation for various fields of knowledge. From a classical perspective, Plato conceived principles as the roots of being and knowledge, while Aristotle defined them as the "first cause" of being and becoming (Rescher, 2002). In the evolution of epistemology and scientific methodology, principles have operated as guides for the construction of theories, explanatory models, and normative systems. This analysis explores the conceptualization of principles in philosophy, science, law, ethics, economics, and linguistics, highlighting their structuring role in each of these fields.

Philosophical tradition has considered principles as essential foundations of thought. According to Rescher (2002), a philosophical principle is a general instruction for practicing philosophy, a methodological axiom that prescribes the proper way to reason and proceed in philosophical inquiry. In this context, principles can be classified into three major categories: principles of informational adequacy, rational coherence, and rational economy. The principle of informational adequacy, according to Peirce, establishes that inquiry should not be obstructed, implying the necessity of keeping all possible lines of investigation open.

On the other hand, in epistemology, fundamental principles such as the principle of identity and the principle of the excluded middle have been formulated, forming the basis of logical thought (Granger, 1999). Formal logic and metaphysics have developed principles whose validity relies on their ability to provide a reference framework for structuring knowledge.

In the scientific domain, principles function as postulates underlying the laws and explanatory models of reality. Granger (1999) notes that in science, principles may take the form of evident rules or generalizations derived from accepted laws. A paradigmatic example is the principle of causality, which asserts that every event has a cause. This principle has been pivotal in the development of physics and other natural sciences.

From a methodological perspective, scientists such as Leibniz and Gödel have argued that understanding nature requires not only knowledge of its laws but also of the principles that regulate its functioning (Rescher, 2002). Therefore, scientific research is not solely oriented towards the formulation of empirical laws but also towards identifying principles that provide theoretical foundations.

In the legal field, principles fulfill a normative and axiological function, establishing the fundamental values that govern the interpretation and application of laws. Aleshkova (2021) asserts that legal principles constitute a complex phenomenon that synthesizes human consciousness and social practice, functioning as the primary cause of constitutional norms. Among the fundamental legal principles are the principle of legality, which states that no one can be sanctioned without a prior law determining it, and the principle of proportionality, which guides the application of sanctions according to criteria of equity and justice.

Hao (2002) emphasizes that the relationship between morality and law must be understood from a dialectical perspective, in which justice and social rationality operate as fundamental elements of the normative order. In this sense, legal philosophy has sought to integrate moral principles into legislation and the administration of justice, giving rise to regulatory models based on the unity of morality and law.

Ethics and bioethics have developed principles that regulate human conduct based on universal values. According to Horner (2003), morality is defined by shared values within a community, while ethics focuses on the philosophical justification of these values. In this context, Beauchamp and Childress formulated the four principles of bioethics: autonomy, beneficence, non-maleficence, and justice (Aksoy & Elmai, 2002). These principles have been widely debated and adopted in medical and biomedical ethics.

Crowe (1970) analyzes the relationship between moral principles and human rights, noting that the evolution of ethical thought has led to fundamental disagreements about the very existence of general moral principles. In this regard, ethics is characterized by the constant revision and reinterpretation of its principles in response to sociocultural changes.

In economics, principles function as regulators of market dynamics. The principle of supply and demand is a classic example, establishing that the price of a good or service adjusts according to product availability and the number of buyers. These principles, although subject to historical variations, maintain their explanatory function in the analysis of economic phenomena.

The principle of context, developed by Frege and Wittgenstein, holds that the meaning of a word can only be understood within the context of a complete sentence (FitzGibbon, 1983). This principle has influenced the development of language theory and the study of semantics.

The analysis of principles across various disciplines leads to the conclusion that they constitute fundamental structures in the organization of knowledge and human action. In philosophy, principles function as methodological norms that guide reasoning. In science, they provide the foundation for the formulation of theories and explanatory models. In law, they guide the interpretation and application of norms. In ethics and bioethics, they regulate moral and professional decision-making. In economics, they explain market behavior. In linguistics, they underpin the interpretation of meaning within the context of language.

Thus, principles not only establish starting points but also evolve and consolidate as structural axes of thought and practice in various disciplines. Their role lies in providing coherence and structure, facilitating the articulation of normative and epistemological systems across different domains of human knowledge.

Principialism and Principialistics: Approaches in Bioethics and Law

The study of principles in ethics and law has given rise to different approaches that seek to systematize decision-making in complex contexts. Among these approaches, principialism and principialistics represent two ways of addressing the role of principles. While both emphasize the centrality of principles, they differ in their application and objectives. This section analyzes both concepts, highlighting their differences and contributions to the fields of bioethics and law.

Principialism is a model that structures ethical decision-making based on four fundamental principles: autonomy, beneficence, non-maleficence, and justice. This model was developed by Beauchamp and Childress and has become a key reference in bioethics (Herrera Fragoso, 2021). However, its application has been criticized for its apparent reductionism and the rigidity of its principles (Casasola Rivera, 2016). Some criticisms focus on its lack of consideration for cultural and social contexts, as well as its failure to establish a systematic framework for prioritizing principles in specific situations (Garrafa, Martorell, & Nascimento, 2016).

The origins of principialism are linked to the 1979 Belmont Report, developed by the National Commission for the Protection of Human Subjects of Biomedical and Behavioral Research in response to ethical violations in medical research, such as experiments conducted in Nazi concentration camps (Encyclopedia of Food and Agricultural Ethics, 2019). This report established the principles of autonomy, beneficence, and justice as the foundation for regulating human subject research. Later, the model was expanded to include the principle of non-maleficence, becoming a normative reference in bioethics.

Despite its widespread application, principialism has been criticized for its reductionism and its tendency to dominate bioethical discourse (Garrafa et al., 2016). Some argue that its universalist approach does not adequately consider cultural particularities and societal asymmetries, leading to the need to rethink its applicability. In response to these criticisms, some authors have proposed complementary approaches, such as personalist bioethics, which emphasizes human dignity as the central axis of ethical decision-making (García, 2013). Other perspectives, such as hermeneutic bioethics, suggest a more flexible interpretation of bioethical principles (Quintero Martín, 2018).

In contrast, principialistics is an approach focused on the study and application of principles in the legal field. It is based on the relevance of general legal principles for interpreting and applying legal norms. This approach has been influenced by neoconstitutionalism, which has transformed the understanding of jurisdiction and other key legal concepts (Álvarez, 2014). In this sense, principialistics aims to establish a systematic framework that ensures coherence and justice in the application of legal norms.

The development of principialistics has been key to the evolution of contemporary law, particularly regarding the interpretation of fundamental rights and the organization of legal systems. However, this approach also faces criticism, especially concerning the lack of a systematic framework for prioritizing principles in law. Some studies have explored the relationship between principialistics and the legal profession, highlighting the importance of ethical and professional principles in legal practice (Sañudo Ospina, 2014).

At the intersection of principialism and principialistics lies biojuridics, a field that integrates bioethical principles into legal regulation. This approach seeks to ensure a balance between ethics and law in addressing issues related to biomedical research and justice in access to healthcare (Herrera Fragoso, 2021). Biojuridics represents an effort to integrate ethical principles into law in a coherent and effective manner.

Thus, principialism and principialistics represent two distinct approaches to applying normative principles. While principialism is a model used in bioethics to guide ethical decision-making based on four fundamental principles, principialistics focuses on the structure and application of principles in law. Both approaches share the goal of establishing coherent normative frameworks but differ in their nature and field of application. Principialism has been criticized for its reductionism and lack of adaptability, while principialistics faces challenges in the prioritization of principles in law. Nonetheless, both approaches have contributed to the understanding and application of normative principles in their respective fields.

Principlism in Bioethics

The development of bioethics has been marked by the need to establish a theoretical framework that facilitates ethical decision-making in the medical field and scientific research. Within this context, principlism has emerged as a model that guides the resolution of moral dilemmas through the application of four fundamental principles: autonomy, beneficence, non-maleficence, and justice. This approach, proposed by Beauchamp and Childress (2013), has been widely adopted in clinical practice and biomedical research due to its applicability and systematic structure. However, it has also been subject to criticism for its lack of integration into a unified moral theory and its cultural bias. This section addresses the structure of the principlist model, its application in the bioethical field, and the debates it has generated.

The structure of principlism is based on four basic principles. The first is autonomy, which involves respecting individuals' capacity to make decisions about their own lives and health. This is manifested through informed consent and the protection of vulnerable populations (Beauchamp & Childress, 2013). Beneficence establishes the obligation to maximize benefits and minimize risks in medical care, always seeking the patient's well-being (Walker, 2009). Non-maleficence focuses on avoiding intentional or negligent harm, requiring healthcare professionals to assess the risks of each intervention (Beauchamp & Childress, 2013). Finally, justice relates to the fair distribution of resources and benefits within the healthcare system, preventing discrimination and ensuring equitable access to treatments and procedures (National Commission for the Protection of Human Subjects of Biomedical and Behavioral Research, 1979).

The impact of this model on bioethics has made it a benchmark for ethical regulation in human research and the formulation of policies for protecting research subjects (National Commission for the Protection of Human Subjects of Biomedical and Behavioral Research, 1979). The Belmont Report established three fundamental principles that have influenced principlism: respect for persons, beneficence, and justice (Miracle, 2016). This document has guided the creation of ethical regulations and research protocols at the international level, ensuring the protection of participants in clinical studies and promoting informed consent (Anabo, Elexpuru-Albizuri, & Villardón-Gallego, 2018).

Despite its widespread adoption, principlism has faced criticism. Clouser and Gert (1990) argue that the principles lack systematic integration into a coherent moral theory, which may create conflicts in their application. The absence of a hierarchy among the principles can lead to ethical dilemmas without clear guidance for resolution. Clouser (1995) suggests that instead of principlism, common morality—based on rules and values shared by society—could provide a more suitable framework for bioethics, as it allows for greater adaptability to different cultural and professional contexts. Evans (2000) points out that the principlist model has been widely adopted due to its compatibility with the Western deliberative structure but warns that its imposition in non-Western contexts could lead to issues of applicability. Walker (2009) also criticizes that the principles of principlism do not encompass the entirety of ethical values that healthcare professionals should consider, potentially limiting its effectiveness in decision-making.

Based on the above, principlism is defined as a bioethical model that employs four fundamental principles to guide decision-making in medical practice and research. Its nature lies in providing a structured and systematic framework for evaluating ethical dilemmas. However, its purpose is constrained by the lack of a unified moral theory and critiques that highlight its individualistic and Western character. Despite these limitations, it remains a useful tool in bioethics, enabling ethical reflection on medical decision-making and scientific research.

Legal Principialism, Legal Principles, and General Principles of Law

Law, in its essence, cannot be reduced exclusively to written norms; it requires guidelines that guide its application and interpretation to ensure coherence, justice, and legal certainty. In this context, various schools of thought have emerged to explain the relationship between norms and principles. Among them, legal principialism, legal principles, and general principles of law stand out. Although these categories are related, they serve distinct functions within the legal system.

This exploration aims to analyze the nature and application of these concepts in legal theory and practice, drawing on the doctrines of key scholars such as Ronald Dworkin, Robert Alexy, and H.L.A. Hart. The study will examine legal principialism as a theoretical approach, legal principles as interpretative criteria, and general principles of law as supplementary norms addressing regulatory gaps. Finally, a conclusion will be presented to identify their differences and complementarities within the legal framework.

Law is not composed solely of written norms but also of principles that enable interpretation, application, and the resolution of regulatory gaps within the legal system. Legal principialism argues that principles play a decisive role in the application of law, contributing to the coherence and fairness of the legal system. On the other hand, legal principles function as interpretative guidelines that shape the creation and application of positive law. Finally, general principles of law serve as supplementary norms, ensuring that the absence of specific legal provisions does not result in regulatory voids. Distinguishing these categories is essential to understanding contemporary law and its application across various legal systems.

Legal principialism is based on the idea that law is not a closed set of norms but a dynamic system where principles play a structuring role. Ronald Dworkin, one of its main proponents, defended the relevance of principles in resolving legal disputes. According to Dworkin, judges cannot merely apply norms mechanically; they must interpret the implicit principles within the law to reach fair and coherent decisions. In this regard, he criticized H.L.A. Hart's legal positivism, arguing that his theory excluded the importance of principles in legal interpretation (Ospina, 2017; Pérez Jaraba, 2011).

Robert Alexy developed a complementary perspective by distinguishing between rules and principles. According to Alexy, rules apply in an all-or-nothing fashion, whereas principles are optimization mandates that can be weighed in cases of conflict. His theory of proportionality has been crucial in resolving disputes in constitutional courts, as it allows for balancing fundamental rights in cases of normative collisions (Suárez Romero, 2017). Legal principialism has been widely applied in constitutional court jurisprudence, where principles such as human dignity, proportionality, and legal certainty have played a central role in the interpretation of legal norms (Mejías Alonzo, 2018).

Legal principles are fundamental criteria that guide the interpretation and application of the law. Unlike norms, which establish specific mandates, principles function as general directives. These can be classified as explicit when incorporated into legal texts such as the Constitution, and implicit when they emerge from jurisprudence and doctrinal interpretation (Garate, 2019). Examples of legal principles include the principle of equality, which establishes that all individuals must be treated equitably before the law; the principle of legality, which limits the actions of authorities to the established legal framework; and the principle of proportionality, which seeks to balance conflicting rights to prevent disproportionate decisions (Marcos, 2016). These principles play a crucial role in legal argumentation and normative interpretation, particularly within the context of neo-constitutionalism (Bystrov & Vinogradov, 2023).

General principles of law are supplementary norms applied in the absence of specific legal provisions. Their origin lies in legal tradition, morality, and custom, and they have been recognized as a source of law in various legal systems, particularly in Latin American and Spanish law (Trujillo Vallejo, 2019). Some of the most relevant examples of general principles of law include good faith, which requires parties to act honestly and loyally in legal relationships; equity, which allows for adjusting the application of law to the particular circumstances of each case; and the non-retroactivity of laws, which prevents a norm from being applied to situations that occurred before its enactment. These principles play a key role in judicial interpretation, ensuring that decisions align with fundamental values and preventing arbitrary rulings (Waluchow, 1999).

Finally, common law (Ius Commune) has served as a structural framework for the development of these principles throughout legal history. According to Mejías Alonzo (2018), this concept has influenced the configuration of the legal system by integrating legal dogmatics and the common repository of normative interpretations, reinforcing the importance of general principles in the application of law.

The analysis of legal principialism, legal principles, and general principles of law allows for an understanding of their differences and complementarities within the legal system. Legal principialism represents a theoretical school that emphasizes the importance of principles in legal interpretation and application. Legal principles function as guiding directives within the legal system, ensuring coherence and justice in the application of norms. Meanwhile, general principles of law act as supplementary norms in the absence of specific regulations, ensuring that the legal system operates fairly and effectively.

Conclusions

The analysis of principlism and principlistics has allowed for an examination of the role of principles in structuring knowledge and normative regulation, particularly in the fields of bioethics and law. Throughout this chapter, these approaches have been explored as methodological and normative tools for interpreting and applying norms, resolving ethical and legal dilemmas, and formulating public policies. However, their applicability extends beyond these specific fields and raises challenges that require further theoretical and practical development in regulating various aspects of the legal system.

In terms of applicability, principlism has been consolidated in bioethics as a normative model based on four fundamental principles (autonomy, beneficence, non-maleficence, and justice), facilitating the creation of regulatory frameworks in medicine and biomedical research. However, its structure has been criticized for its lack of hierarchy and its reductionist approach to complex ethical issues. These limitations have driven the development of complementary approaches that seek to integrate broader contextual and normative elements, allowing for a more flexible interpretation of principles in diverse scenarios.

On the other hand, principlistics in law has been instrumental in transforming the interpretation and application of legal norms. This approach has expanded the role of principles in the construction of law, granting them a guiding function in judicial decision-making, legal argumentation, and public policy formulation. Its influence has been particularly relevant in contemporary constitutionalism, where principles have assumed a central role in resolving normative conflicts and protecting fundamental rights. However, principlistics also faces challenges, especially regarding the delimitation of its application in legal systems that require clarity in normative hierarchy.

From an applied perspective, these approaches can extend to various branches of law, including labor law and the promotion of decent work within the legal framework. The role of principles in this area is evident in their impact on labor policy formulation, judicial interpretation of labor rights, and the structuring of regulatory frameworks aimed at ensuring fair working conditions. For instance, the principle of human dignity, widely developed in legal principlistics, has served as the foundation for judicial decisions in labor matters and the recognition of fundamental workers' rights across different jurisdictions.

Moreover, the application of principles in labor law has implications for the drafting of legislation, administrative acts, and public policies. The International Labour Organization (ILO) has promoted fundamental principles such as equity, job stability, and non-discrimination, which have been incorporated into labor rights and social security regulations. From an applied principlism perspective, the promotion of decent work—understood as work that guarantees adequate remuneration, safety, and access to social protection—can benefit from the development of regulatory frameworks based on principles that guide the formulation of labor laws and regulations.

In jurisprudential terms, principlistics has been employed by constitutional and labor courts to interpret labor rights in contexts where legal norms do not provide a clear solution. Landmark cases have demonstrated how principles such as proportionality and reasonableness have been used to delineate the application of labor norms in conflicts between employers and workers, enabling decisions that are more aligned with the fundamental values of the legal system.

Finally, the intersection of principlism and principlistics in biojuridical studies highlights the potential for integrating these approaches into the regulation of emerging areas of law, such as the impact of technology on labor, the regulation of digital platforms, and labor rights in the context of artificial intelligence. The future challenge lies in consolidating normative models that allow for the coherent application of principles across different legal areas and in public policy formulation, ensuring their functionality without generating excessive discretion in their interpretation and application.

Thus, the evolution of principles in bioethics and law has demonstrated their relevance in constructing regulatory frameworks and resolving legal and ethical dilemmas. However, their applicability must continue to be analyzed to avoid the risk of interpretative ambiguity and to ensure coherence in the development of the legal system. The expansion of these approaches into areas such as labor law and decent work opens new possibilities for their application in lawmaking, judicial decision-making, and the implementation of public policies aimed at social justice and equity in the world of work.

Bibliographic References

Aleshkova, I. A. (2021). The concept of "principle" as an element of law. *Linguistics and Culture Review, 5*(S3), 1586-1596. https://doi.org/10.21744/lingcure.v5nS3.1829

Álvarez, R. C. (2014). *El nuevo paradigma de la garantía de la jurisdicción*. Ars Boni et Aequi, 10(1), 119-150. https://dialnet.unirioja.es/servlet/articulo?codigo=5853784

Aksoy, Ş., & Elmai, A. (2002). The core concepts of the 'four principles' of bioethics as found in Islamic tradition. *Medicine and law, 21*(2), 211-24.

Anabo, I., Elexpuru-Albizuri, I., & Villardón-Gallego, L. (2018). Revisiting the Belmont Report's ethical principles in internet-mediated research: perspectives from disciplinary associations in the social sciences. *Ethics and Information Technology, 21*, 137-149. https://doi.org/10.1007/s10676-018-9495-z

Beauchamp, T. L., & Childress, J. F. (2013). *Principles of biomedical ethics* (7th ed.). Oxford University Press.

Bystrov, A., & Vinogradov, S. (2023). The "Hart-Dworkin" Debate: Critical Capacity for Russian Legal Theory. Courier of Kutafin Moscow State Law University (MSAL). https://doi.org/10.17803/2311-5998.2023.104.4.079-090

Casasola Rivera, W. (2016). *Más allá del principialismo: Hacia una reconceptualización de la bioética*. Revista PRAXIS, 73, 67-101. https://doi.org/10.15359/praxis.73.5

Clouser, K. (1995). Common Morality as an Alternative to Principlism. *Kennedy Institute of Ethics Journal, 5*, 219 - 236. https://doi.org/10.1353/KEN.0.0166

Clouser, K., & Gert, B. (1990). A critique of principlism. *The Journal of medicine and philosophy, 15*(2), 219-236. https://doi.org/10.1093/JMP/15.2.219

Crowe, M. B. (1970). Moral law and human rights. *J R Coll Gen Pract, 19*(92), 125-31. PMID: 5442328; PMCID: PMC2237215.

Encyclopedia of Food and Agricultural Ethics. (2019). *Principlism.*

Evans, J. (2000). A sociological account of the growth of principlism. *The Hastings Center report, 30*(5), 31-38. https://doi.org/10.2307/3527886

FitzGibbon, J. (1983). *Ethics: Fundamental Principles of Moral Philosophy.*

Fleurbaey, M. (2002). Equality of Resources Revisited*. Ethics, 113, 82-105. https://doi.org/10.1086/341320

Garate, R. M. (2019). Una visión iusfilosófica de los principios del derecho y de los principios del derecho de familia. Anales De La Facultad De Ciencias Juridicas Y Sociales De La Universidad Nacional De La Plata, 16(49), 029. https://doi.org/10.24215/25916386e029

Garrafa, V., Martorell, L. B., & Nascimento, W. F. (2016). *Críticas ao principialismo em bioética: perspectivas desde o norte e desde o sul*. Saude E Sociedade, 25, 442-451. https://doi.org/10.1590/S0104-12902016150801

García, J. J. (2013). *Bioética personalista y bioética principialista.* Cuad Bioet, 24(80), 67-76.

Granger, G. G. (1999). Principles scientifiques, principes philosophiques. *Principia: An International Journal of Epistemology, 3*, 87-100.

Hao, F. (2002). The principle of philosophy of law in the unification of morality and law. *Journal of Southeast University.*

Herrera Fragoso, A. A. (2021). *De los principios éticos a los bioéticos y biojurídicos*. Medicina Y Ética, 23(3), 349-367.

Horner, J. (2003). Morality, ethics, and law: introductory concepts. *Semin Speech Lang, 24*(4), 263-74.

Marcos, F. J. (2016). Los principios jurídicos, la dialéctica y la retórica. *Prudentia Iuris.* Disponible en: https://repositorio.uca.edu.ar/handle/123456789/2977

Mejías Alonzo, C. C. (2018). *IUS COMMUNE AS A FOUNDATION OF THE NATIONAL LEGAL SYSTEM. A REVIEW OF ITS CONTENT. Revista Chilena de Derecho, 45*(3), 621-646. https://dx.doi.org/10.4067/S0718-34372018000300621

Miracle, V. (2016). The Belmont Report: The Triple Crown of Research Ethics. *Dimensions of Critical Care Nursing, 35*, 223-228.

https://doi.org/10.1097/DCC.0000000000000186

National Commission for the Protection of Human Subjects of Biomedical and Behavioral Research. (1979). *The Belmont Report: Ethical principles and guidelines for the protection of human subjects of research.* U.S. Department of Health, Education, and Welfare. https://www.hhs.gov/ohrp/regulations-and-policy/belmont-report/read-the-belmont-report/index.html

Ospina, A. M. (2017). *Estructura de los principios jurídicos en Ronald Dworkin.* https://dialnet.unirioja.es/servlet/articulo?codigo=6197958

Pérez Jaraba, M. D. (2011). *Principios y reglas: examen del debate entre R. Dworkin y H.L.A. Hart. Revista Estudios Jurídicos. Segunda Época, 10.* https://revistaselectronicas.ujaen.es/index.php/rej/article/view/543

Quintero Martín, S. (2018). *Bioética hermenéutica: una revisión crítica del enfoque principialista.* Bajo Palabra, (18).

Rescher, N. (2002). Principia Philosophiae: On the Nature of Philosophical Principles. *The Review of Metaphysics, 56*(1), 3–17.

Sañudo Ospina, J. L. (2014). *Cuestiones ético-profesionales en el ejercicio del derecho.* CES Derecho, 5(2), 251-259.

Suárez Romero, M. A. (2017). *Ley, principios jurídicos y derechos fundamentales en el actuar de los jueces y legisladores: Una propuesta positivista ante la templanza del constitucionalismo. Revista Derechos y Libertades, 36*, 220-248. Dykinson. https://doi.org/10.14679/1042

Trujillo Vallejo, D. M. (2019). *Los principios generales en la Constitución Política de Colombia y la función judicial. Nuevo Derecho, 15*(25), 53-69. https://doi.org/10.25057/2500672X.1184

Tzafestas, S. G. (2016). *Ethics: Fundamental Elements.* Springer, Cham.

Walker, T. (2009). What principlism misses. *Journal of Medical Ethics, 35*, 229-231. https://doi.org/10.1136/jme.2008.027227

Waluchow, W. (1999). *Introduction. Canadian Journal of Law & Jurisprudence, 12*, 3-3. https://doi.org/10.1017/s0841820900006500

Chapter 2: Biolaw and Principles of Labor Law

Introduction

Decent work faces multiple challenges and presents various opportunities. The advancement of biotechnology and medicine has led to significant transformations in contemporary society, raising ethical, legal, and social dilemmas that require a clear regulatory framework. In this context, Biolaw emerges as a fundamental legal discipline that seeks to establish regulations to ensure that scientific and technological development respects fundamental rights and human dignity. At the same time, Labor Law is responsible for regulating labor relations and protecting workers' rights in an ever-changing economic and social environment. The convergence of these two disciplines is crucial today, especially in light of the challenges posed by artificial intelligence, biotechnology applied to work, and the protection of dignity in the workplace.

The importance of addressing this issue lies in the need to strike a balance between scientific progress and the protection of human rights. The incorporation of new technologies in medicine, genetics, and the workplace has created unprecedented scenarios that demand solid regulatory responses. The regulation of genetic manipulation, bioethics applied to labor, the impact of artificial intelligence on occupational health, and the protection of workers' genetic data privacy are some of the aspects that highlight the intersection between Biolaw and Labor Law. Understanding this relationship is essential for developing policies and regulations that ensure fair working conditions while respecting human dignity in a rapidly evolving scientific context.

The objective of this chapter is to analyze the relationship between Biolaw and Labor Law, exploring their impact on the regulation of genetic manipulation, the protection of human dignity in medicine and labor, the role of bioethics in labor rights, and the challenges posed by artificial intelligence in the workplace. Additionally, the chapter will examine how both disciplines contribute to constructing a legal framework that allows for the harmonious coexistence of scientific development and social justice.

To achieve this, the chapter is structured into several sections. First, a conceptual approach to Biolaw is presented, highlighting its relationship with Bioethics and its role in regulating scientific advances in biomedicine and genetics. Next, the evolution and fundamental principles of Labor Law are discussed, emphasizing its connection with human rights and social pacts. Third, the interrelation between Biolaw and Labor Law is analyzed, considering aspects such as bioethics applied to labor, the regulation of workers' genetic data, job automation, and the protection of vulnerable groups in the workplace. Finally, reflections on the challenges and opportunities arising from the integration of both disciplines in a constantly evolving world are presented.

Based on this analysis, the chapter's conclusions emphasize the importance of an adaptive legal regulation that protects human dignity without hindering scientific and technological progress. The role of Biolaw and Labor Law is highlighted in building a legal framework that ensures equity, security, and stability in the labor field, especially in light of the changes brought about by biotechnology and artificial intelligence. The intersection of these disciplines allows for addressing new labor and bioethical issues, ensuring that innovation does not compromise fundamental principles of justice and human rights.

In this regard, the chapter introduces the Bio-Labor Theory, an emerging approach that proposes a new perspective on the relationship between biotechnology and labor. This theory suggests that scientific and technological advancements in the biomedical and labor fields not only transform working conditions but also redefine the very concept of employment and worker dignity in the digital age. Through this perspective, the aim is to establish a regulatory framework that integrates the principles of Biolaw and Labor Law, ensuring that technological innovations do not generate new forms of exclusion or job insecurity. The Bio-Labor Theory thus serves as a key starting point for understanding current and future challenges in labor regulation in a context shaped by automation, artificial intelligence, and applied biotechnology.

Biolaw

The development of biotechnology and medicine has brought about profound transformations in human life, giving rise to ethical and legal challenges that demand clear regulatory responses. In this context, Biolaw emerges as a legal discipline that regulates the legal implications of scientific advances in biomedicine, genetics, and biotechnology, ensuring respect for fundamental rights and human dignity. This analysis will address the relationship between Biolaw and Bioethics, the regulation of genetic manipulation and genetic doping, the protection of human dignity in medicine, its connection with human rights, its impact on assisted reproduction and family law, the challenges posed by artificial intelligence in healthcare, the regulation of advance directives, and its role in biotechnology.

Biolaw shares a close link with Bioethics, as both disciplines address the ethical dilemmas arising from scientific progress. However, while Bioethics focuses on philosophical and moral reflection, Biolaw is concerned with establishing binding regulations. Romeo Casabona (2017) highlights that human rights have been an essential reference in the construction of Biolaw and have driven the creation of a constitutional right for bioethical citizens. This interaction between Bioethics and Biolaw has led to mutual enrichment, but it has also created difficulties in defining their respective scopes.

One of the greatest challenges of Biolaw is the regulation of genetic manipulation and genetic doping. The possibility of modifying human DNA raises questions about the limits of intervention in human nature. Cimmino (2016) points out that human enhancement through biotechnology may conflict with the principle of human dignity and equity. In the sports field, genetic doping challenges fair competition norms and raises dilemmas about human performance manipulation.

Biolaw also plays a fundamental role in protecting human dignity in medicine. Ramos-Vergara and Arenas-Massa (2015) analyze how Biolaw regulations have provided different levels of legal protection for the elderly, depending on conceptualizations of their dignity. In the context of terminal illnesses, Rivas García (2017) emphasizes that Biolaw allows for addressing critical decisions such as euthanasia and palliative care, ensuring that medical decisions respect both professional ethics and patients' rights.

Biolaw and human rights are intrinsically related, as many of its regulations aim to protect life, health, autonomy, and privacy. Albert Márquez (2013) explores the possibility of constructing a universal Biolaw based on the protection of human life but warns about the challenges arising from the interpretation and application of regulations in different legal systems.

In the field of assisted reproduction and family law, Biolaw regulates in vitro fertilization, surrogacy, and the legal recognition of same-sex families. Zárate Cuello (2018) analyzes how bioethical discourses have influenced the regulation of these family structures in Colombia, within a context of increasing social diversity and advances in reproductive biotechnology. Additionally, the impact of diversity policies on the biolegality of family models is examined, considering the protection of the rights of all individuals involved.

Artificial intelligence applied to healthcare is another emerging challenge in Biolaw. Ballesteros (2019) warns about the risks of transhumanism and the potential for uncontrolled technological manipulation. In this regard, Biolaw must establish limits on the use of algorithms in medical decision-making, ensuring respect for patient privacy and non-discrimination.

Advance directives, such as living wills, have also been subject to regulation within Biolaw. In some countries, the lack of specific regulations has created uncertainty for healthcare professionals and patients (Rivas García, 2017). This situation highlights the need for clear regulatory frameworks for medical decision-making in critical situations.

Finally, the regulation of biotechnology's impact on society is a central aspect of Biolaw. Jaramillo, Vaca, and Rojas (2020) emphasize the importance of Bioethics as a foundation for balancing scientific and legal interests, ensuring that technological advancements respect fundamental ethical principles.

In conclusion, Biolaw is a constantly evolving legal discipline that regulates the legal implications of scientific advances in biomedicine, genetics, and biotechnology. Its interdisciplinary nature places it at the intersection of law, bioethics, and human rights, ensuring that scientific development respects dignity and fundamental rights. Its purpose is to establish a regulatory framework that enables the ethical and responsible use of science, protecting individuals and society from the risks associated with technological progress.

A key element in the evolution of Biolaw is its connection to human rights, as it seeks to safeguard essential principles such as autonomy, justice, and non-maleficence. The creation of appropriate regulations and their fair application at a global level is an ongoing challenge that requires international cooperation and the development of harmonized legal principles. The regulation of issues such as genetic editing, artificial intelligence in medicine, and assisted reproduction are clear examples of how Biolaw continuously evolves to ensure a balance between technological advancement and the protection of human rights.

Work, Labor Law, and Its Principles

Work is an essential activity in human life that transcends its merely economic function, constituting a structural element in social organization and the evolution of civilizations. Throughout history, its meaning and value have been subject to philosophical, religious, and economic transformations. In ancient societies, work was conceived as a burden imposed on human beings, whereas in Christian thought, it was interpreted as a mission with a spiritual purpose (Ershov & Ershova, 2021). With the consolidation of capitalism in the 18th and 19th centuries, work transformed into a commodity within the dynamics of production relations, creating the need to establish regulations that balanced the interests of employers and workers. This process led to the development of Labor Law as an autonomous legal discipline aimed at ensuring fair and safe working conditions. Over time, its fundamental principles have served as pillars for the protection of workers and the stability of the labor market.

This analysis examines the conceptualization of work and its evolution, the nature of Labor Law, its essential principles, its connection with human rights, social agreements, and the economy, as well as its philosophical justification in a constantly changing world. Work has evolved throughout history, from its conception in primitive societies to its structuring in the globalized economy. The Industrial Revolution marked a turning point by highlighting the need for labor relations regulation due to the exploitative conditions that emerged within the industrial model. In response, labor regulatory systems were consolidated to protect workers and establish rules that ensured dignified conditions. Since then, work has been recognized not only as an economic activity but also as a fundamental right. This recognition has been reinforced by international instruments such as the Universal Declaration of Human Rights and the International Covenant on Economic, Social, and Cultural Rights, which guarantee the right to fair and equitable working conditions (Cubillos-Vega, 2019).

Labor Law is the set of rules and principles that regulate labor relations, establishing rights and obligations for both employers and workers. Its purpose is to balance the structural differences between both parties and ensure worker protection, given their vulnerable position in the employment relationship (Sedova, 2013). It is not merely a mechanism for governing employment relationships but a regulatory framework that intervenes in the labor market to address issues such as information asymmetry and the concentration of economic power in employers (Marzán & Contreras, 2019). This regulation not only protects individual rights but also seeks to ensure labor market stability and social cohesion.

The principles of Labor Law form the foundation upon which this legal discipline is built. Among the most relevant is the principle of protection, which establishes the need to adopt measures that safeguard workers' rights and prevent situations of abuse or exploitation. This principle has been defended in legal doctrine and is recognized as the fundamental axis of Labor Law (Marzán & Contreras, 2019). Related to this is the principle of non-waivability, which prevents workers from renouncing the rights recognized in labor legislation, ensuring that minimum guarantees are upheld in every employment relationship. Likewise, the principle of job continuity promotes employment stability, preventing arbitrary dismissals and ensuring permanence in the labor market.

Another central principle is that of equality and non-discrimination, which establishes that all workers must receive equitable treatment regardless of gender, origin, or any other condition. This principle aligns with provisions established in international human rights treaties and has been widely developed in legal doctrine (Rakhimov, 2024). Similarly, the principle of freedom of contract emphasizes the autonomy of the parties in the labor relationship, allowing employers and workers to agree on the terms of their employment, provided that legal minimums are respected (Alves, 2023). However, this principle must be interpreted in balance with the need for worker protection, preventing power abuse or unfavorable contracts.

Labor Law is also connected to social and economic agreements, which aim to establish consensus among different labor market actors to ensure stability and equity. Examples include the conventions of the International Labour Organization (ILO), which set international labor standards, and collective bargaining agreements, which allow unions to represent workers in defining fair working conditions (Ershov & Ershova, 2021). In this context, labor regulation not only serves a protective function but also contributes to economic and social stability.

The impact of Labor Law on the economy is a relevant aspect of its study. Labor regulation has direct implications for productivity and economic development. The principle of productivity and economic development seeks to regulate work in a way that promotes efficiency without compromising labor rights (Fernández-Torres, Díaz-Casero & Ramajo-Hernández, 2017). Similarly, the principle of social balance establishes that economic growth must be accompanied by a fair distribution of benefits, preventing extreme inequalities. This coordination between labor regulation and economic development is key to avoiding structural crises and ensuring sustainable labor markets.

The connection between Labor Law and the Sustainable Development Goals (SDGs) is another relevant aspect of its analysis. Specifically, SDG 8, which promotes decent work and economic growth, highlights the need to establish labor conditions that ensure stability and equity. Other goals, such as SDG 1 (ending poverty) and SDG 5 (gender equality), are also linked to labor regulation, as the implementation of appropriate policies in this area helps reduce inequalities and foster social development (Oropeza Cortés, Urciaga García & Ponce Díaz, 2015).

From a philosophical perspective, Labor Law is based on principles of distributive justice and human rights, ensuring equity and preventing exploitation. This conceptual framework holds that work is not merely an economic transaction but an activity that should allow for self-determination and social inclusion (Conaghan, 2017). Under this perspective, Labor Law not only protects workers' interests but also contributes to democracy in the workplace by enabling collective bargaining and worker participation in employment-related decisions.

The discussion on integrating work and private life has also been a central issue in current debates. With the rise of remote work and labor flexibility, tensions have emerged between worker autonomy and the need to set boundaries that prevent overexploitation. In this sense, the regulatory function of Labor Law remains essential to ensure that technological transformations do not undermine the fundamental principles that sustain it (Conaghan, 2017).

In conclusion, work is an essential activity for human and economic development, and its regulation through Labor Law seeks to guarantee worker protection and labor market stability. This discipline not only establishes rules governing the relationship between employers and workers but also intervenes in the labor market to correct structural imbalances. The fundamental principles of Labor Law, such as protection, equality, continuity, and freedom of contract, form the basis of its application and ensure fair working conditions. Moreover, its relationship with human rights, social agreements, and the economy highlights its central role in shaping equitable and sustainable societies. In a globalized and constantly evolving context, Labor Law must adapt to new challenges while remaining focused on its fundamental objective: protecting workers and maintaining labor market balance.

Relationship Between Biolaw and Labor Law

Biolaw and Labor Law are legal disciplines that, while having different approaches, share relevant points of intersection in the protection of human rights, the regulation of bioethics in the workplace, and the impact of new technologies on working conditions. Biolaw regulates scientific and technological advancements in the biomedical field, ensuring the dignity and integrity of individuals, while Labor Law focuses on regulating labor relations and protecting workers. From this perspective, it is possible to analyze the connection between both disciplines in various aspects, such as the protection of human dignity at work, the right to health and occupational safety, bioethics applied to workers' rights, the impact of biotechnology on employment, and the protection of vulnerable groups in the workplace.

Biolaw is structured around fundamental principles such as autonomy, non-maleficence, beneficence, and justice, which are essential in regulating human interactions with biotechnology and bioethics (Herrera Fragoso, 2021). On the other hand, Labor Law is governed by principles such as the primacy of reality, job stability, and social justice, all aimed at protecting workers as vulnerable subjects within labor relations (Gámez Jiménez, 2020). The convergence of these principles allows for identifying an interrelationship between both disciplines in regulating decent working conditions and protecting workers' health and integrity.

The right to health and safety at work is a key point in the intersection between Biolaw and Labor Law. While Biolaw establishes guidelines on biosafety and medical ethics, Labor Law regulates safe working conditions, ensuring that workers are not exposed to biological risks or technologies that may affect their health (Bryukhina & Tretyakova, 2023). Bioethics also plays a central role in employment regulation, as it raises questions about the privacy of workers' genetic data, non-discrimination based on biomedical information, and the ethics of mandatory medical examinations (Raya-Diez, Caparrós-Civera & Carbonero-Muñoz, 2018).

The impact of biotechnology on employment and working conditions is another relevant topic in the relationship between these disciplines. Automation and the incorporation of advanced technologies in the workplace have created new challenges in protecting labor rights, as adapting to these transformations requires regulation that ensures rights are not violated or that inequality gaps are not widened (Losano, 2014). In this context, the evolution of labor regulations toward recognizing new forms of employment reflects a trend to transform the structure of Labor Law in response to technological and scientific changes (Galvin, 2019).

The relationship between Biolaw and Labor Law is also evident in protecting vulnerable groups in the workplace. Workers with chronic illnesses, pregnant women, individuals with disabilities, or those exposed to biological risks require special protection from both disciplines to ensure fairness and justice at work (Sánchez Enrique, 2013).

From a theoretical perspective, the interrelationship between Biolaw and Labor Law can be conceptualized under a "Bio-Laboral" theory. This theory suggests that the advancement of biotechnology and automation is transforming working conditions, requiring a new regulatory framework that integrates bioethical and biopolitical principles in protecting labor rights. Through this approach, human labor ceases to be considered solely in productive terms and is analyzed from its biological and social dimensions, where technology and bioethics play a decisive role (Popov, 2021). In this sense, the Bio-Laboral Theory seeks to ensure that scientific innovations do not compromise workers' dignity or generate new forms of labor exclusion. Regulating these aspects requires a flexible legal framework that adapts to technological advancements without weakening workers' fundamental rights.

Thus, the intersection between Biolaw and Labor Law is based on the need for legal regulation that considers scientific advancements and their impact on the workplace. As biotechnologies and artificial intelligence transform the employment structure, it is essential to have regulations that protect workers' rights without hindering scientific innovation. The Bio-Laboral theory provides a framework for understanding this evolution, enabling a broader analysis of how Biolaw and Labor Law should converge to address future challenges.

Conclusions

In this chapter, we have explored in depth the challenges and opportunities faced in promoting decent work through social marketing, highlighting barriers, emerging trends, and effective strategies. Below, we summarize the key points discussed, highlight the most significant findings, and provide recommendations and final reflections.

Biolaw, Labor Law, and their interrelation represent fundamental areas of law that seek to regulate essential aspects of human life in relation to scientific advancements and working conditions. This chapter has allowed for an integral analysis of each of these aspects, demonstrating the need for legal regulation that ensures a balance between scientific progress and the protection of fundamental rights.

Firstly, Biolaw emerges as a key discipline for regulating scientific advancements in biomedicine, genetics, and biotechnology. Its role is to establish legal frameworks that allow for the ethical and responsible use of science while protecting human dignity and fundamental rights. Its connection with Bioethics is undeniable, as both disciplines address ethical dilemmas arising from scientific progress, albeit with different approaches. While Bioethics focuses on philosophical and moral reflection, Biolaw seeks to translate these concerns into legally binding norms. Challenges in regulating genetic manipulation, genetic doping, assisted reproduction, and artificial intelligence in healthcare demonstrate the need for clear and adaptable regulations suited to new scientific and technological realities. Likewise, protecting privacy, patient autonomy, and equity in access to biotechnology remain fundamental challenges in the development of Biolaw.

Secondly, Labor Law has historically evolved to ensure worker protection and labor market balance. From its origins in the Industrial Revolution to its connection with the Sustainable Development Goals, this discipline has played a crucial role in promoting fair and safe working conditions. Its fundamental principles, such as protection, equality, continuity, and freedom of contract, have established a regulatory framework aimed at preventing abuses and safeguarding labor rights in a context of constant economic and social transformation. Moreover, its relationship with human rights and social pacts highlights its importance in building equitable and sustainable societies.

The digitalization and automation of work have introduced new challenges for labor regulation, as working conditions are undergoing rapid changes due to the emergence of new technologies. Artificial intelligence, remote work, and automation are transforming labor dynamics and redefining the concept of employment. In this regard, Labor Law must adapt to provide protection for workers in a context where labor precarization, inequality, and the concentration of power in digital platforms pose latent threats.

Finally, the relationship between Biolaw and Labor Law is evident in the need to regulate the impacts of biotechnology on employment and working conditions. The intersection of these disciplines allows for addressing issues such as workplace biosafety, the privacy of workers' genetic data, and the automation of production processes. In this regard, the "Bio-Labor Theory" positions itself as a key conceptual framework for analyzing the transformation of the labor world in light of biotechnological and scientific advancements.

The Bio-Labor Theory argues that the integration of biotechnology into human labor requires regulation to ensure that scientific innovations do not undermine worker dignity or create new forms of social exclusion. The rise of bioengineering, artificial intelligence, and new forms of digital employment has given rise to unprecedented phenomena that demand a new regulatory framework adapted to these transformations. Workplace bioethics must ensure that the use of genetic and biomedical data in the labor sphere does not lead to discrimination or violations of rights and that technological advancements are not used as mechanisms to precarize employment.

The application of bioethics in the workplace is also reflected in the protection of workers exposed to biological risks, the implementation of medical technologies at work, and the regulation of new labor models incorporating biotechnology. The Bio-Labor Theory helps understand how human labor is being redefined by the intersection of Biolaw and Labor Law, emphasizing the urgency of establishing guidelines that guarantee fair working conditions that respect human dignity.

Thus, Biolaw and Labor Law are evolving legal disciplines that, despite their different approaches, share the common objective of protecting human dignity and fundamental rights in the context of scientific and technological advancement. The interrelation between these areas is essential to address the challenges of modernity by establishing legal frameworks that balance scientific development, social justice, and labor stability. The Bio-Labor Theory becomes an essential tool for understanding and regulating the impact of biotechnology on the world of work, ensuring that technological progress does not come at the expense of equity or labor rights. The evolution of these disciplines will depend on the legal system's ability to adapt to scientific changes without compromising ethical principles and the fundamental rights of individuals and societies.

Bibliographic References

Albert Márquez, M. M. (2013). ¿Hacia un bioderecho universal? Bioderecho en acción y funcionalización del valor de la vida humana. Cuadernos de Bioética, 24(81), 223-238.

Alves, J. (2023). How to make the fundamental principles of the labour law be compatible with the modern work? Journal of Law and Corruption Review. https://doi.org/10.37497/corruptionreview.5.2023.49

Ballesteros, J. (2019). El futuro del derecho como lucha contra la idolatría tecnológica. Persona Y Derecho, (79), 37-50.

Bryukhina, E., & Tretyakova, E. (2023). THEORETICAL AND LEGAL SUBSTANTIATION OF BIOETHICS AND BIOLAW IN THEIR INTERRELATION AND INTERACTION. Вестник Пермского университета. Юридические науки. https://doi.org/10.17072/1995-4190-2023-62-568-589

Cimmino, M. (2016). Potenciamiento humano y dopaje genético. EUNOMÍA. Revista En Cultura De La Legalidad, (10), 114-131.

Conaghan, J. (2017). Philosophical Foundations of Labour Law. https://doi.org/10.1093/oso/9780198825272.001.0001

Cubillos-Vega, C. (2019). La formación en derechos humanos en el trabajo social: Evolución, propuestas y retos. Comunitania: Revista Internacional de Trabajo Social y Ciencias Sociales, 17, 35-58. https://doi.org/10.5944/COMUNITANIA.17.2

Ershov, V., & Ershova, E. (2021). Nature and classification of special principles of national labour law. Vestnik of Saint Petersburg University. Law. https://doi.org/10.21638/SPBU14.2021.108

Fernández-Torres, Y., Díaz-Casero, J. C., & Ramajo-Hernández, J. (2017). Instituciones y crecimiento económico: ¿consenso en la literatura? Investigaciones Regionales - Journal of Regional Research (37), 155-187.

Galvin, D. (2019). From Labor Law to Employment Law: The Changing Politics of Workers' Rights. Studies in American Political Development, 33, 50-86. https://doi.org/10.1017/S0898588X19000038

Gámez Jiménez, J. M. (2020). El derecho del trabajo como paradigma de la desconexión jurídica entre normas sustantivas y procesales. Revista General de Derecho del Trabajo y de la Seguridad Social, (56). Recuperado de https://www.iustel.com/v2/revistas/detalle_revista.asp?id_noticia=422791&d=

Herrera Fragoso, A. A. (2021). De los principios éticos a los bioéticos y biojurídicos. Medicina Y Ética, 23(3), 349-367. Recuperado de https://revistas.anahuac.mx/index.php/bioetica/article/view/694

Jaramillo, D.M., Vaca, E., & Rojas, N. (2020). La bioética y su importancia reguladora dentro de los ordenamientos jurídicos actuales.

Losano, M. G. (2014). Un análisis de los derechos humanos en el contexto biográfico de Norberto Bobbio. Derechos y Libertades: Revista de Filosofía del Derecho y Derechos Humanos, 30, 17-42. Universidad Carlos III de Madrid. Instituto de Derechos Humanos Bartolomé de las Casas; Dykinson. https://hdl.handle.net/10016/22160

Marzán, C., & Contreras, S. (2019). Principled Labor Law. https://doi.org/10.1093/oso/9780190052669.001.0001

Oropeza Cortés, M. G., Urciaga García, J., & Ponce Díaz, G. (2015). Importancia económica y social de los servicios de los ecosistemas. Revista Global de Negocios, 3(2), 103-113.

Popov, D. (2021). Biopolitical turn in the Law: from the legal and institutional model to the biolaw. Russian Journal of Deviant Behavior. https://doi.org/10.35750/2713-0622-2021-2-203-214

Rakhimov, M. (2024). The Principles of the Classical Theory of Labor Law. International Journal of Law and Policy. https://doi.org/10.59022/ijlp.157

Ramos-Vergara, P., & Arenas-Massa, A. (2015). Algunas conceptualizaciones acerca de la dignidad del anciano en Bioderecho. Pers. Bioét., 19(1), 25-35.

Raya-Diez, E., Caparrós-Civera, N., & Carbonero-Muñoz, D. (2018). Derechos humanos y Trabajo Social: vinculaciones conceptuales y prácticas. Trabajo

Social Global-Global Social Work, 8, 57-96. https://doi.org/10.30827/tsg-gsw.v8i0.6509

Rivas García, F. (2017). Enfermedad terminal: una perspectiva desde el bioderecho. Revista Iberoamericana De Bioética, (5), 1-13.

Romeo Casabona, C. M. (2017). El Bioderecho y la Bioética, un largo camino en común. Revista Iberoamericana De Bioética, (3), 1-16.

Sánchez Enrique, D. V. (2013). Trabajadores temporarios agrícolas, derechos humanos y conflicto social. Estudios de caso en la provincia de La Rioja. Universidad Nacional de La Rioja. https://ri.conicet.gov.ar/handle/11336/28224

Sedova, N. (2013). The Basic Principles of Labor Law. Law & Society: Private Law eJournal. https://doi.org/10.2139/SSRN.2282397

Zárate Cuello, A. de J. (2018). Diálogo Bioético y del Bioderecho en torno a la conformación y naturaleza biojurídica de la familia homoparental en Colombia. Investigación & Desarrollo, 26(1), 29-54.

Chapter 3: Foundations of the Bio-Labor Theory and Decent Work

Introduction

Contemporary labor law is undergoing constant transformation driven by automation, biotechnology, and artificial intelligence. These changes have redefined employment dynamics and created the need to rethink the regulatory frameworks governing work to ensure dignified, equitable, and safe working conditions. In this context, the Bio-Labor Theory emerges as an approach that integrates the principles of legal principialism and biolaw in the regulation of decent work, allowing for a balance between technological development and the protection of workers' fundamental rights. Its significance lies in its ability to provide a regulatory framework that addresses current labor law challenges without compromising social justice or employment stability.

The intersection between bioethics and labor law has gained relevance in academic literature, highlighting the need to apply ethical principles in the regulation of labor relations. Historically, bioethics has been predominantly applied in the medical field, but its role in the workplace has been recognized as essential to ensuring human dignity at work. In this regard, labor bioethics proposes that principles such as autonomy, beneficence, non-maleficence, and justice should be incorporated into the formulation of labor regulations in the digital and biotechnological era. The increasing implementation of technological innovations, such as genetic manipulation and neurotechnologies applied to work performance, has sparked debate about the need to establish regulatory limits to protect workers' integrity against potential violations of their fundamental rights.

The concept of decent work, promoted by the International Labour Organization (ILO), serves as a fundamental pillar in the formulation of labor policies aimed at ensuring stability, equity, and security in employment. However, its effective implementation faces multiple challenges in a context where automation and artificial intelligence are replacing human tasks, creating uncertainty regarding job stability and the protection of acquired rights. In this scenario, the incorporation of biolaw into labor regulation becomes essential to prevent genetic discrimination, regulate biosafety in work environments, and ensure that biotechnological advancements are used ethically and equitably. Likewise, legal principialism enables a dynamic interpretation of labor law, ensuring that the fundamental principles of human dignity, equality, and job stability are upheld amid structural changes in the labor market.

The study of Bio-Labor Theory is developed through five fundamental dimensions that provide an integrated regulatory framework. The first dimension, legal principialism, establishes the fundamental principles guiding labor regulation in the context of technological transformation. The second dimension, labor law, addresses worker protection against challenges arising from automation and biotechnology, ensuring job stability and legal security. The third dimension, biolaw, focuses on regulating the bioethical and technological impacts in the labor sphere, preventing genetic discrimination and overseeing biosafety in the workplace. The fourth dimension, decent work, is based on ILO-promoted principles and seeks to guarantee fair and dignified working conditions in the digital and biotechnological era. Finally, the fifth dimension, labor bioethics, introduces an ethical perspective in human resource management, ensuring workers' physical and mental well-being while preventing psychosocial risks associated with job technologization.

The impact of biotechnology and artificial intelligence on employment demands the formulation of regulatory mechanisms that mitigate the risks associated with automation while guaranteeing fair and safe working conditions. While these advancements have improved productivity and efficiency across various sectors, they have also generated new forms of labor precariousness and inequality. The Bio-Labor Theory aims to establish a regulatory framework that ensures job stability, equity in access to employment opportunities, and the protection of workers' fundamental rights in a constantly evolving technological landscape. The intersection between legal principialism and biolaw allows for the construction of a flexible and progressive normative paradigm, capable of addressing emerging labor challenges without compromising the principles of social justice and human dignity.

The analysis developed throughout this study leads to the conclusion that regulating work in the era of biotechnology and artificial intelligence requires a comprehensive approach that protects labor rights without hindering technological innovation. The Bio-Labor Theory is positioned as a normative proposal that integrates the principles of legal principialism, biolaw, labor law, decent work, and labor bioethics, providing a regulatory framework that responds to the challenges of the contemporary labor market. Its implementation helps mitigate the adverse effects of automation, prevent genetic discrimination, regulate biosafety in workplaces, and ensure that technological transformations do not lead to job precarization. Additionally, the importance of labor bioethics is emphasized as a crucial element in preserving workers' dignity and promoting fairness in the distribution of benefits derived from technological innovation. In this way, the necessity of developing flexible and progressive regulations is reaffirmed to adapt labor law to the new realities of the labor market without compromising stability or social justice.

Background for a Bio-Labor Theory: Labor Bioethics

The intersection between bioethics and labor law has emerged in recent academic literature as a developing field that seeks to integrate bioethical principles into labor relations. Traditionally, biolaw has been conceptualized as the set of legal norms that regulate the interactions between life and law (Casabona et al., 2020). However, its application to the labor sphere had not been systematized until recently. Bioethics, as a discipline, has primarily influenced the medical field, but its regulatory potential in labor conditions and the protection of workers' dignity has only recently been explored by various studies.

The background of this new approach is supported by works such as those of Gómez Marín (2003, 2015), who has outlined a conceptual framework in which bioethics should not only be considered in the field of health but also in the world of work. His work examines the integration of bioethics with labor from various perspectives, including environmental impact, social justice, and quality of work life. The fundamental premise is that work is not merely a means of economic production but a space where dignified and healthy conditions for workers must be ensured.

In this context, labor bioethics has begun to gain recognition as an autonomous field within labor law. Rivabem (2017) argues that biolaw has evolved into an independent discipline, setting a precedent for the recognition of labor bioethics with its own identity. Similarly, Marín Moral (2024) highlights the applicability of bioethical principles in labor relations, especially in a context of technological and organizational transformations that may affect workers' dignity and well-being. Marín Moral emphasizes the importance of applying the principles of autonomy, beneficence, non-maleficence, and justice to the labor field to harmonize business interests with the protection of human integrity.

From a more structural perspective, Sánchez Lárraga's doctoral thesis (2025) argues that labor bioethics should be consolidated as an independent legal discipline. His research identifies psychosocial risks such as workplace harassment, burnout, and discrimination as factors that threaten the biopsychosocial integrity of workers, proposing a theoretical framework that places human dignity at the core of labor regulation. Sánchez Lárraga's proposal establishes that labor bioethics should not only be recognized as a field of study but should also be incorporated into legislation and business practices.

The development of a bio-labor theory responds to the need to coherently articulate bioethical principles within labor law. Until now, the protection of health and occupational safety has been addressed fragmentarily across different regulations and international agreements, without a unifying framework that systematizes them under a biocentric approach. In this sense, labor bioethics provides a solid foundation for decision-making in labor regulation, ensuring the protection of workers' lives and dignity.

Given this panorama, it can be concluded that bio-labor theory is an emerging doctrinal construction that seeks to integrate bioethics into labor relations. Its foundation is based on the evolution of biolaw, applied bioethics, and the growing concern for labor human rights. The viability of this theory lies in its ability to fill legal and ethical gaps in labor regulation, providing a framework that prioritizes the protection of workers' dignity and health. As academia and labor institutions continue to explore and develop this approach, it could become a fundamental paradigm within contemporary labor law.

Principialism as the Basis for Decent Work Regulation

Contemporary labor law faces the challenge of ensuring fair and equitable working conditions in the context of economic and social changes. Legal principialism has established itself as an essential method for interpreting and applying labor law, particularly concerning the regulation of decent work. The International Labour Organization (ILO) defines decent work as employment that ensures productivity under conditions of freedom, equity, security, and human dignity (Rahmani, 2021). This concept is based on four fundamental pillars: job creation, social protection, labor rights, and social dialogue. The application of legal principialism in this field allows for a flexible and protective regulatory approach, oriented toward equity and social justice. This analysis examines the role of principialism in the regulation of decent work, its relationship with fundamental legal principles, and its applicability in labor law.

Legal principialism is based on the application of general legal principles as a normatively binding source, allowing for a dynamic and progressive interpretation of labor regulations. Among the key principles in the regulation of decent work are human dignity, equality and non-discrimination, job stability, social justice, and progressiveness (Duffy et al., 2017). Human dignity demands that working conditions respect workers' integrity, preventing forms of exploitation. Equality and non-discrimination ensure fair access to employment regardless of gender, ethnicity, or religion. Job stability is crucial for workers' economic and social security, while social justice requires fair remuneration and equitable working conditions. Finally, the principle of progressiveness establishes that labor regulation should evolve toward the continuous improvement of labor rights.

The application of legal principialism in the regulation of decent work is evident in the interpretation of labor norms and the formulation of public policies. In comparative law, constitutional jurisprudence has recognized the value of legal principles as a foundation for protecting workers' fundamental rights. The ILO has promoted the incorporation of international treaties into national legal systems through principle-based interpretations (Lares, 2017). Similarly, the Ibero-American Strategy for Occupational Safety and Health (EISST) has been crucial in developing public policies aimed at worker protection and promoting social dialogue (Suárez, Ávalos & Estrada, 2017).

From an economic and social perspective, decent work is essential for sustainable development and reducing inequality. In the Latin American context, the application of legal principialism in labor law has highlighted the importance of establishing fair and equitable working conditions aligned with the democratic principles of law (Ahumada & Eduardo, 2017). Additionally, human rights education plays a key role in consolidating a labor paradigm based on ethical values and fundamental principles, reinforcing the application of legal principialism in decent work regulation (Ortiz, 2017).

The need to adapt national regulatory frameworks to the decent work paradigm has been analyzed in various studies. In Spain, for example, deficiencies have been identified in Law 27/1999 on worker cooperative societies, leading to reform proposals aimed at ensuring compliance with decent work principles (Gutiérrez Colominas, 2021). Similarly, the relationship between the pillars of decent work and social sustainability has been explored in academic literature, highlighting the necessity of ensuring fair working conditions as part of social well-being (Rasak, Shaharudin & Hamid, 2023). From a psychological and organizational perspective, research has analyzed the connection between basic needs satisfaction and job quality, emphasizing the importance of job security, healthcare access, and work-life balance (Blustein, Lysova & Duffy, 2022).

Therefore, legal principialism emerges as an indispensable approach to regulating decent work by providing a flexible and protective interpretative basis for applying labor norms. Its effectiveness materializes in the application of fundamental principles to legal interpretation, the formulation of labor policies, and the protection of workers' fundamental rights. Through its connection with the pillars of decent work, legal principialism enables the development of a more equitable regulatory framework capable of addressing the challenges of the contemporary labor world and aligning with sustainable development goals.

Biolaw and Its Role in the Protection of Decent Work

Biolaw has emerged as a regulatory field that governs the impact of biotechnological and bioethical advancements on society, emphasizing the protection of human dignity and fundamental rights. The increasing sophistication of biotechnology has generated legal challenges that require specific regulations to prevent the violation of fundamental principles. In the labor sphere, these advancements raise issues related to safety, health, and equity in access to employment opportunities. The International Labour Organization (ILO) has promoted the concept of decent work, which is based on ensuring employment under conditions of freedom, equity, security, and respect for human dignity. In this context, biolaw plays a crucial role in protecting decent work by regulating workplace safety, the impact of biotechnology on employment, equity in access to scientific innovations, and mechanisms to prevent discrimination based on biological factors.

Biolaw regulation is based on the need to uphold the principle of legal certainty, a challenge intensified by the rapid evolution of life sciences (Casonato, 2019). The inherent uncertainty of biotechnology creates difficulties in establishing legal frameworks that balance innovation with equality and non-discrimination. One key aspect is the prohibition of genetic selection in hiring processes, ensuring that scientific advancements are not used to exclude individuals with a genetic predisposition to certain medical conditions or specific biological traits (Santosuosso, 2019). The integration of biolaw into labor regulations seeks to prevent the misuse of genetic information in hiring and promotion decisions, guaranteeing fairness in access to employment.

The impact of biotechnology on employment is another area of concern. Automation, genetic engineering, and the use of modified organisms have reshaped the labor market, reducing the demand for certain types of jobs while creating new opportunities in specialized sectors. However, employment redistribution is not always equitable, requiring regulations to mitigate the negative effects of biotechnology on job stability (Torrance, 2010). In biomedicine and genetic engineering, biolaw establishes ethical and legal limits that prevent experimentation on workers or the imposition of biotechnological modifications to enhance job performance without considering informed consent and individual autonomy (Rengifo Castañeda, Vélez Medina, & Cañaveral Londoño, 2014).

Workplace safety and health are also central aspects of biolaw regulation. Biolaw intervenes in legislation concerning the use of neurotechnologies and other innovations that may influence workers' cognitive or physical abilities. Guidelines are established regarding biosafety in the handling of biotechnological substances, ensuring that procedures are safe and comply with international worker protection standards (Bryukhina & Tretyakova, 2023). Similarly, biolaw regulates the introduction of genetic modifications in the workplace, preventing biotechnological enhancements from becoming requirements for employment retention or access to certain job positions.

Another relevant aspect is equity in access to biotechnology. Social justice in the distribution of benefits derived from scientific advancements is a priority of biolaw, ensuring that progress is not exclusive to certain economic sectors or countries with greater investment capacity in innovation. Rivabem (2017) highlights that biolaw seeks to guarantee that technological improvements are accessible to all workers, promoting fair conditions in the use of biotechnological tools to enhance job performance without creating inequalities in the labor market.

Thus, biolaw is a discipline that aims to integrate biotechnological advancements with the protection of labor rights. Rueda (2019) argues that regulation in this field must provide the necessary flexibility to adapt to continuous scientific evolution without compromising legal stability. In this regard, biolaw not only sets limits on biotechnological manipulation in the workplace but also creates mechanisms to ensure social justice in access to these technologies.

In summary, biolaw articulates scientific advancements with the protection of fundamental rights in the workplace. Its development is justified by the need to mitigate the risks of biotechnology in employment, regulating aspects such as workplace safety, non-discrimination based on genetics, equity in access to technological innovations, and the ethical delimitation of biotechnology applications in the work environment. Biolaw's proposal to protect decent work is based on formulating legal norms that regulate the use of biotechnology in labor, ensuring that scientific improvements do not become exclusionary factors or elements imposing discriminatory conditions. Moreover, it promotes a preventive approach, establishing regulatory frameworks that ensure biosafety and the protection of human dignity in professional development. Biolaw regulation, therefore, not only addresses current biotechnological challenges in employment but also projects solutions to guarantee respect for labor rights in the future.

Proposal for the Regulation of Bio-Labor Theory

Technological evolution has led to unprecedented transformations in labor relations, requiring labor law to adapt in order to ensure workers' stability, protection, and well-being. In this context, biotechnology and artificial intelligence have introduced new dynamics into the labor market, challenging traditional regulations and creating the need for innovative policies that balance technological development with the guarantee of decent work (Rahmani, 2021).

From the perspective of law and bioethics, principles have historically served as fundamental structures for organizing thought and human action. In the legal field, principialism has evolved as a school of thought that seeks to provide coherence and justice to regulatory systems, offering an essential interpretative framework for labor regulation in the biotechnological era. Legal principles not only guide the interpretation of laws but also serve as essential tools for resolving labor-related dilemmas emerging from automation and the use of biotechnology in work environments (Aleshkova, 2021). In this regard, the relationship between principialism and labor law is particularly relevant in addressing the impact of technology on employment configuration and the protection of workers' rights.

Bio-Labor Theory emerges as a comprehensive regulatory approach that articulates the relationship between biotechnology, labor law, and bio-law. This theory is structured around four fundamental dimensions: legal principialism, labor law, decent work, and bio-law (Bryukhina & Tretyakova, 2023). Based on these pillars, a regulatory framework is developed that includes protection against automation, equity in the distribution of technological benefits, and the regulation of artificial intelligence and biotechnology in the labor sphere.

Labor law plays a key role as a protective mechanism in employment relationships, ensuring workers' security and stability amid technological changes. The introduction of legal principles in labor regulation helps mitigate the adverse effects of automation, promoting a balance between technological advancement and the protection of workers' fundamental rights. In this context, the application of principialism in bioethics and legal principialism in law establishes regulatory guidelines that ensure decent working conditions in a constantly evolving environment (García, 2013).

Bio-law, in turn, plays a fundamental role in regulating the impact of biotechnology on employment, ensuring equity and preventing discrimination in the use of scientific innovations within the workplace. The relationship between bio-law and labor law becomes evident in the need to regulate the use of genetic information in hiring processes, protecting privacy, and preventing the exclusion of workers based on their biomedical profile (Raya-Diez, Caparrós-Civera & Carbonero-Muñoz, 2018). Additionally, bio-law contributes to the formulation of regulations that guarantee workplace safety and biosecurity, managing risks associated with the incorporation of new technologies in production processes.

Automation and biotechnology have altered the nature of employment, raising concerns about job stability and the distribution of technological development benefits. In this context, decent work, promoted by the International Labour Organization (ILO), becomes a guiding principle for labor regulation in the digital age. The integration of artificial intelligence and biotechnology in the labor sphere must align with principles of equity, distributive justice, and human dignity, ensuring that workers are not arbitrarily replaced or subjected to precarious working conditions (Lares, 2017).

Table 1. Dimensions, Pillars, and Applications of the Bio-Laboral Theory

Dimension	*Description*	*Essential Pillars*	*Application in the Labor Field*	*Contributions of the Bio-Laboral Theory*
Juridical Principlism	Application of bioethical and legal principles as a normative basis for labor regulation in the biotechnological era.	Autonomy, Justice, Beneficence, Non-Maleficence, Ethics of Responsibility	Establishes a flexible and equitable legal framework in response to technological changes in the labor sector.	Provides a normative framework based on bioethical and legal principles to regulate the impact of technology on employment. Integrates ethical values into labor decision-making, promoting fair and human-centered regulation. It is based on bioethical dialogue to prevent technoscience from

				dehumanizing labor (Gómez Marín, 2003; Marín Moral, 2024).
Labor Law	Norms and principles that regulate labor relations and ensure the stability and rights of workers in technological environments.	Worker Protection, Legal Security, Employment Stability, Human Dignity in Employment, Regulation of Labor Relations	Ensures protection against automation and regulates the impact of biotechnology on employment.	Guarantees that technological and biotechnological transformations do not undermine acquired labor rights or worker stability. Introduces bioethical principles into labor regulations to adapt norms to the digital and biotechnological era. Promotes a labor ethics based on human dignity and decent work (Sánchez Lárraga, 2025).
Biolaw	Regulation of the ethical and legal impacts of biotechnology on human life and employment.	Regulation of Technological Advances, Human and Bioethical Rights, Prevention of Technological Abuses, Protection of Health and Biopsychosocial Integrity	Prevents genetic discrimination, protects biosafety, and regulates the use of scientific innovations in the workplace.	Establishes normative limits on the application of biotechnology and artificial intelligence in the labor field, safeguarding worker dignity. Addresses risks such as genetic discrimination, misuse of neurotechnologies, and the impact of automation on worker well-being (Rivabem, 2017; Gómez Marín, 2015).

Decent Work	Concept promoted by the ILO that establishes fair, safe, and equitable working conditions.	Decent Employment, Fair Working Conditions, Social Protection, Equal Opportunities, Biopsychosocial Well-being	Facilitates the adaptation of labor regulations to ensure dignity and equity in biotechnological work.	Ensures that work remains human-centered, safe, and equitable amid digital and biotechnological transformation. Proposes bioethical education in the workplace as a strategy to raise awareness about the importance of labor quality of life and integral worker development (ILO, Marín Moral, 2024).
Workplace Bioethics	Ethical approach applied to the work environment, considering human dignity and workers' overall well-being.	Ethics Applied to the Workplace, Physical and Mental Well-being of Workers, Dignified Employer-Employee Relationship, Prevention of Psychosocial Risks	Introduces bioethics as a central axis in talent management and labor policy formulation.	Proposes that work should be physically and mentally healthy, avoiding conditions that degrade human dignity. Develops a workplace ethics of responsibility to build fair and sustainable labor environments (Gómez Marín, 2003; Sánchez Lárraga, 2025).

Source: Author's own elaboration based on Aleshkova (2021), García (2013), Bryukhina & Tretyakova (2023), Raya-Diez, Caparrós-Civera & Carbonero-Muñoz (2018), Lares (2017), Gómez Marín (2003, 2015), Rivabem (2017), Marín Moral (2024), Sánchez Lárraga (2025).

The table above synthesizes the five fundamental dimensions on which the Bio-Laboral Theory is based and its integration into employment regulation in the era of biotechnology and artificial intelligence. Each dimension—Juridical Principlism, Labor Law, Biolaw, Decent Work, and Workplace Bioethics—contributes a specific approach to the construction of a normative framework that ensures the dignity, equity, security, and biopsychosocial well-being of workers, guaranteeing an ethical and fair adaptation to the challenges of technological change.

The intersection between principialism in labor law and bio-law enables the construction of a regulatory model that guarantees the protection of labor rights in an environment of continuous innovation. Regulating biotechnology in employment requires an approach that considers both bioethical principles and fundamental labor law concepts, establishing mechanisms to prevent exploitation and promote equitable working conditions. In this regard, Bio-Labor Theory provides a comprehensive framework for regulating labor in the biotechnological era, ensuring that scientific progress does not compromise equity or workers' dignity (Popov, 2021).

The implementation of this theory faces several challenges, including corporate resistance to regulations that limit the use of automated technologies, the rapid pace of technological change, and the need for international cooperation to ensure worker protection across different legal systems. Nevertheless, its development is essential for establishing a regulatory framework that guarantees stability and worker well-being in a world increasingly shaped by biotechnology and artificial intelligence (Rueda, 2019).

Conclusions

The regulation of labor in the era of biotechnology and artificial intelligence requires a multidimensional approach that ensures the protection of workers from emerging challenges. In this context, the Bio-Labor Theory emerges as a comprehensive normative proposal that seeks to articulate legal principles, labor law, biolaw, decent work, and work bioethics. Each of these dimensions plays an essential role in constructing a regulatory framework that not only safeguards acquired labor rights but also adapts labor regulations to technological evolution without compromising human dignity or social justice.

First, legal principialism serves as the interpretative and normative foundation to address the changes that biotechnology and automation impose in the labor field. Its approach is based on the principles of autonomy, justice, beneficence, non-maleficence, and the ethics of responsibility, allowing labor regulation to be both flexible and equitable.

In labor application, legal principialism facilitates the normative adaptation to technological changes without losing sight of the worker's dignity. By promoting a legal framework grounded in bioethical principles, it prevents technoscience from dehumanizing work, ensuring that innovations are used to improve working conditions rather than justify labor precarization. Additionally, it enables the resolution of labor conflicts arising from the use of new technologies, guaranteeing the protection of fundamental workers' rights.

Regarding the protection of the employment relationship against automation, labor law remains the essential mechanism for ensuring legal security, job stability, and human dignity in employment. Its relevance within Bio-Labor Theory lies in its capacity to regulate the interaction between workers and automation, ensuring that technological advancements do not translate into violations of acquired rights.

From this perspective, labor law must incorporate bioethical principles to balance technological development with worker security. Implementing regulations that govern the impact of biotechnology on employment is crucial to prevent the arbitrary displacement of the workforce and ensure that companies adopt adequate social protection measures. Furthermore, regulation should focus on fostering a work environment where automation enhances efficiency without compromising worker stability and security.

Within this framework, biolaw consolidates itself as a key discipline within Bio-Labor Theory, as its objective is to regulate the ethical and legal effects of biotechnology on human life and, specifically, on employment. Its core principles include regulating technological advancements, protecting human and bioethical rights, preventing technological abuses, and safeguarding biopsychosocial health and integrity.

In the labor field, biolaw intervenes in regulating genetic discrimination, occupational safety, and the use of neurotechnologies. The increasing sophistication of biotechnology has generated risks such as genetic manipulation for labor selection, the misuse of biomedical information in hiring, and biotechnological experimentation in workplaces without proper informed consent. Applying biolaw in the labor market establishes regulatory boundaries that ensure worker protection against these risks, preventing exploitation and guaranteeing biosecurity in the workplace.

Moreover, decent work is recognized as a fundamental pillar of labor regulation in the digital era. Promoted by the International Labour Organization (ILO), decent work serves as a central pillar in labor regulation in the biotechnology era. Its purpose is to ensure dignified, equitable, and safe working conditions aligned with the principles of equity, social justice, and biopsychosocial well-being.

Bio-Labor Theory adopts decent work as a structural axis, ensuring that technological advancements are not used as tools for labor exclusion or exploitation. Automation and biotechnology must be regulated to prevent them from becoming mechanisms of labor precarization. In this sense, the theory proposes bioethical education in the workplace, fostering an organizational culture based on respect for human dignity and equity in the distribution of technological benefits.

Additionally, regulating decent work in this context should ensure that working conditions evolve towards greater social protection, job stability, and quality of life for workers, incorporating strategies that promote inclusion, security, and equal opportunities.

Furthermore, work bioethics introduces an ethical perspective into human talent management and labor policy formulation, ensuring that the work environment respects workers' physical and mental integrity. It is based on applied ethics in the workplace, workers' physical and mental well-being, a dignified employer-employee relationship, and the prevention of psychosocial risks.

This approach is essential within Bio-Labor Theory, as it provides guidelines to prevent the degradation of human dignity in work. Work bioethics emphasizes the need to establish healthy working conditions, reducing occupational stress, burnout, and the psychological impact of automation. Additionally, it promotes an ethics of responsibility in business decision-making, fostering a balance between worker well-being and organizational efficiency.

For these reasons, Bio-Labor Theory emerges as a comprehensive normative response to the challenges posed by biotechnology and artificial intelligence in the labor field. Its multidimensional approach, grounded in legal principialism, labor law, biolaw, decent work, and work bioethics, enables the articulation of labor regulation that balances technological development with the protection of workers' fundamental rights.

Through the application of these principles, a regulatory framework is established that not only protects the employment relationship against automation but also promotes a work environment where equity, dignity, and security are guaranteed. Bio-Labor Theory proposes a regulatory framework that:

a) Integrates bioethics and legal principialism to prevent the dehumanization of work in the technological era.
b) Ensures job stability and worker protection in digitalized environments.
c) Regulates biotechnology to prevent genetic discrimination and guarantee biosecurity.
d) Promotes decent work as the foundation of labor regulation in the digital era.

e) Incorporates work bioethics to ensure workers' physical and mental health.

Given the growing impact of biotechnology on the labor market, implementing this theory faces the challenge of harmonizing innovation with social justice. Achieving this requires cooperation between governmental, business, and academic sectors, ensuring that scientific progress does not compromise fairness or job security. In this regard, Bio-Labor Theory represents a key tool for building a fairer, more humane, and sustainable future in the biotechnology era.

Bibliographic References

Ahumada, L., & Eduardo, J. (2017). Trabajo decente y globalización en Latinoamérica: una alternativa a la desigualdad laboral y social. https://dialnet.unirioja.es/revista/15474/A/2017.

Aleshkova, I. A. (2021). The concept of "principle" as an element of law. *Linguistics and Culture Review, 5*(S3), 1586-1596. https://doi.org/10.21744/lingcure.v5nS3.1829

Blustein, D., Lysova, E., & Duffy, R. (2022). Understanding Decent Work and Meaningful Work. Annual Review of Organizational Psychology and Organizational Behavior. https://doi.org/10.1146/annurev-orgpsych-031921-024847.

Bryukhina, E., & Tretyakova, E. (2023). Theoretical and legal substantiation of bioethics and biolaw in their interrelation and interaction. Вестник Пермского университета. Юридические науки, (62), 568–589. https://doi.org/10.17072/1995-4190-2023-62-568-589

Casabona, C. et al. (2020). Enciclopedia de Bioderecho y Bioética. Ed. Cátedra Derecho y Genoma Humano.

Casonato, C. (2019). The Essential Features of 21st Century Biolaw. In: Valdés, E., Lecaros, J. (eds) Biolaw and Policy in the Twenty-First Century. International Library of Ethics, Law, and the New Medicine, vol 78. Springer, Cham. https://doi.org/10.1007/978-3-030-05903-3_6

Duffy, R., Allan, B., England, J., Blustein, D., Autin, K., Douglass, R., Ferreira, J., & Santos, E. (2017). The Development and Initial Validation of the Decent Work Scale. Journal of Counseling Psychology, 64, 206–221. https://doi.org/10.1037/cou0000191.

Ferraro, T., Santos, N.R., Pais, L., & Moreira, J.M. (2017). Decent Work and Work Motivation in Lawyers: An empirical research. https://pepsic.bvsalud.org/pdf/rpot/v17n4/v17n4a03.pdf

García, J. J. (2013). *Bioética personalista y bioética principialista.* Cuad Bioet, 24(80), 67-76.

Gómez Marín, G. I. (2003). Bioética del trabajo. Compucopiamos Ltda. https://bioeticadeltrabajo.org/bioeticalaboral/content/LibroPrimeraEdicionF.pdf

Gómez Marín, G. I. (2015). Bioética y trabajo: Taller de bioética: Constitucional, pedagogía del trabajo, legislación laboral individual y colectiva, reconversión del talento humano, seguridad social - Sistema general de riesgos laborales, sociología del trabajo, mercado de trabajo, bioética, responsabilidad social empresarial, filosofía del derecho y hermenéutica jurídica. Instituto de Bioética, Pontificia Universidad Javeriana. https://bioeticadeltrabajo.org/bioeticalaboral/content/libro_bioetica_trabajo.pdf

Gutiérrez Colominas, D. (2021). Trabajo decente y sociedades cooperativas de trabajo asociado: Propuestas de implementación en la Ley 27/1999. REVESCO. Revista de Estudios Cooperativos, 139, e77442. https://doi.org/10.5209/reve.77442.

Lares, F.L. (2017). La eficacia jurídica del concepto de trabajo decente. https://ejcls.adapt.it/index.php/rlde_adapt/article/view/428.

Marín Moral, I. (2024). ¿Es posible aplicar los principios de la bioética en las relaciones laborales? Revista Crítica de Relaciones de Trabajo, Laborum, 10, 123-146. https://revista.laborum.es/index.php/revreltra/article/view/930

Ortiz, J.H. (2017). La enseñanza de los derechos humanos: valores y principios éticos en la formación docente. https://cuci.udg.mx/sites/default/files/la_enseanza_de_los_derechos_humanos-jaime_hernandez_ortiz.pdf.

Popov, D. (2021). Biopolitical turn in the Law: from the legal and institutional model to the biolaw. Russian Journal of Deviant Behavior. https://doi.org/10.35750/2713-0622-2021-2-203-214

Rahmani, Z. (2021). Conception and Pillars of Decent Work. https://doi.org/10.48300/JLR.2021.129426.

Rasak, N., Shaharudin, M., & Hamid, N. (2023). Decent Work and Social Sustainability: A conceptual model. Environment-Behaviour Proceedings Journal. https://doi.org/10.21834/e-bpj.v8isi16.5246.

Raya-Diez, E., Caparrós-Civera, N., & Carbonero-Muñoz, D. (2018). Derechos humanos y Trabajo Social: vinculaciones conceptuales y prácticas. Trabajo

Social Global-Global Social Work, 8, 57-96. https://doi.org/10.30827/tsg-gsw.v8i0.6509

Rengifo Castañeda, C. A., Vélez Medina, B., & Cañaveral Londoño, D. C. (2014). Ética y bioética: algunas de sus implicaciones en el entramado social. Producción + Limpia, 9(2), 118-125. http://www.scielo.org.co/scielo.php?script=sci_arttext&pid=S19090455201400

Rivabem, F. S. (2017). Biodireito: uma disciplina autônoma? Revista Bioética, 25(2), 282-289. https://doi.org/10.1590/1983-80422017252188

Rueda, E. A. (2019). Biolaw and Tensions of Constitutional Law in Latin America. In: Valdés, E., Lecaros, J. (eds) Biolaw and Policy in the Twenty-First Century. International Library of Ethics, Law, and the New Medicine, vol 78. Springer, Cham. https://doi.org/10.1007/978-3-030-05903-3_11

Sánchez Lárraga, F. (2025). El reconocimiento de la bioética laboral como disciplina autónoma garante de la dignidad e integridad en las relaciones de trabajo [Tesis doctoral, Universidad de Murcia]. Universidad de Murcia. https://digitum.um.es/digitum/bitstream/10201/150145/1/TESIS%20DOCTORADO%20BIODERECHO%20BIOETICA%20SALUD%20Y%20DERECHOS%20HUMANOS%20LABORAL%20FERNANDO%20SANCHEZ%20LARRAGA%20UMURCIA%20UASLP.pdf

Santosuosso, A. (2019). From Biolaw to Technological Innovation in Law. In: Valdés, E., Lecaros, J. (eds) Biolaw and Policy in the Twenty-First Century. International Library of Ethics, Law, and the New Medicine, vol 78. Springer, Cham. https://doi.org/10.1007/978-3-030-05903-3_9

Suárez, O.B., Ávalos, A.O., & Estrada, M.C. (2017). Estrategia Iberoamericana de Seguridad y Salud en el Trabajo: políticas públicas para un trabajo decente. Medicina y Seguridad del Trabajo, 63, 4-17. https://scielo.isciii.es/pdf/mesetra/v63n246/0465546Xmesetra6324600004.pdf.

Torrance, A. W. (2010). The Evolution and Development of Biolaw. Gruter Institute Squaw Valley Conference 2010: Law, Institutions & Human Behavior. https://ssrn.com/abstract=1608249

www.ingramcontent.com/pod-product-compliance
Lightning Source LLC
LaVergne TN
LVHW051106051026
849532LV00004BB/1451